近代日本の国民統合とジェンダー

加藤千香子

日本経済評論社

目次

序章 「国民」とジェンダーを対象化すること 1
一 本書の方法と視角 4
二 本書の射程——世紀転換期から戦間期史の再考 16
三 本書の構成 20

I 国民国家の確立とジェンダー

第1章 「帝国」日本の女性像 33
はじめに 33
一 日露戦争と良妻賢母主義 35
二 「帝国」経営と女性活動奨励論 42
三 第一次世界大戦と女性像 49
おわりに 57

第2章　性差の科学と良妻賢母主義　65
はじめに　65
一　性差に関する科学的言説の登場　67
二　女子教育と性差の科学　70
三　「新しい女」論争と生物学　73
四　性差の科学と「新しい女」　77
五　優生学の時代と「女子の使命」　81
おわりに　86
第3章　「青年」の主体的構築　90
はじめに　90
一　「新日本之青年」から「田舎青年」へ　93
二　日露戦後経営下の「青年」とマスキュリニティ　96
三　地方における「青年」の主体的構築　100
おわりに　108

Ⅱ　国民国家の再編とジェンダー

第4章　国民統合と家族イデオロギー　117

はじめに　117
一　内務官僚・田子一民　119
二　「自治民」育成　120
三　「第二維新」論　122
四　ナショナリティとしての家族　126
五　「生活」共同体としての「家庭」　128
六　「無形の法人」としての「家」　133
おわりに　135

第5章　「女工」観とその再編　140

はじめに　140
一　社会問題と女工　142
二　職工問題と女工　148

三 「女工」観の再編 155
おわりに 165

第6章 労働政策とジェンダー 173
はじめに 173
一 国際労働規約 174
二 工場法改正と女子労働者 177
三 「男女同一価値労働同一賃金」をめぐる議論 182
四 「生活標準」と「家族賃金」観念 187
おわりに 192

終章 国民統合の諸段階とジェンダー 201

参考文献 211
あとがき――これまでの私の研究をふり返るなかで 221
索引（事項・人名） 232

序章　「国民」とジェンダーを対象化すること

本書は、近代国民国家の時代に生きる私たちを強くとらえる社会規範やイデオロギーについて、ジェンダーの問題を中心に考察するものである。

いま、「近代」という時代を論じようとするなら、フランス革命期の「人権宣言」に代表されるような自由・平等といった理念を賞賛するだけでは、到底済まされないだろう。「近代」の延長線上にある現在、人権尊重の理念から遠いところにおかれている人びとの存在、自由・平等という美名のもとで隠されてきた搾取や差別から、もはや目を背けたままではいられなくなっている。「慰安婦」問題を想起するまでもなく、従来の多くの人が認識してきた「歴史」において、いったいいかに多くの問題が「見えていなかった」かについて議論が起こるようになっている。

一九九〇年代の初め、近代「国民国家」のイデオロギーを、「われわれ」と「彼ら」の二分法に基づく「公認された差別の原理」と喝破した「国民国家論」が登場した[1]。その問題提起が、疑うことなく自らの拠りどころとしてきた国民国家の構築性や差別性を暴くとともに、見過ごされてきた事柄に新たな光をあて照らし出すものとなったことは確かであろう。気がつくと、そのときからすでに二〇年あまりの時が経っている。この二〇年の間には、「九・一一」(二〇〇一年)および「三・一一」(二〇一一年)という世界や日常に対する私たちの認識を根底から揺さぶる二つの大きな事件があった。国民国家論の問題提起をふまえるならば、それらの出来事は、グローバル化の時代において、国民国家が外部および内部につくり出した植民地主義的な構造を一挙に明るみに出した事態、とみることができよう(2)。

だが、それらの歴史的出来事――とりわけ「三・一一」――がいまだ記憶に新しいなかで目に映る現在の日本社会の情景は、鳴りを潜めていたかに見える「〈国民〉という怪物」がその姿を現し、猛威をふるうありさまにほかならない。私たちの身の回りを見渡すと、「国民」としての一体化を促す情緒的な訴えかけや情報は、さまざまなメディアを通じて氾濫している。隣国については、あたかもそれが「国民」の敵であるかのような報道ばかりが横行し、ヘイトスピーチに代表されるように「国民」ではない者に対する排斥の動きはエスカレートするばかりで、とどまるところを知らない。今日、「グローバル化」のかけ声は慣用句のようにあらゆる場で登場する。だがその一方で、排除や差別を要件とする国民国家のイデオロギーは継続し、それに私たちがなお強く囚われていることは明白であろう。

現在、歴史学においても、生き延びること、「生存」や「いのち」というこれまでにはあまり見られなかったテーマが取り上げられるようになっている。そのなかで、かけがえのない一人ひとりの生をそれぞれが自らの手に取り戻すために、国民国家論の問題提起をあらためて想起し、「国民」

という枠組みによって作り出される包摂と排除の論理や差別の問題を主題に据えて日本近代史を再考することには、大きな意味があると考える。

本書では、国民統合とその過程に随伴するジェンダーの問題に焦点をあわせる。国民統合のプロセスは、「国民」という一体化した集団カテゴリーへの人びとの包摂とともに、それにそぐわない人びとのあぶり出しや排除をともなう。その包摂と排除の決定にあたって選別の指標とされる人びとの属性において、人びとを差異化するひとつの重要なファクターが「性」である。国民統合の過程では、ひとが「男」か「女」かいずれのカテゴリーに属するものであるかの明示が求められ、それに応じた役割つまりジェンダーが構築されることとなる。「社会的・文化的性差」と定義される「ジェンダー」とは性差を構築物とみなす分析概念[3]であるが、それは、性差を自明とみなすことで、一人ひとりの固有の生をカテゴリーの中に固定しようとする近代社会の構造を問うていくための武器となるだろう。

本書で行おうとするのは、近代国民国家の建設をめざすプロセスにおいて、私たち自身が身にまとうこととなった「国民」やジェンダーをめぐる規範やイデオロギーを対象化し、その歴史的役割と問題とを検証の場に引き出すことである。問うていこうとするのは、「国民」としての一体化を求めるとともに人びとを選別にかける国民国家のプロセスが作動するなかで、人びとはどのように規範・イデオロギーとしてのジェンダーの生成にかかわり、とらえられ、そしてそこでつくられる歴史的状況の中でいかに対処を余儀なくされていったのか、という問題である。その作業は、「国われ」から身を引き剥がし、他者とともにある一人ひとりの固有の生に向き合うために欠かせないと考える。

一　本書の方法と視角

最初に、本書の研究方法や視角にかかわるバックグラウンドについて述べておきたい。

特に、本書に所収した論文の背景として、一九九〇年代以降の歴史学にもたらされた二つの大きな問題提起を取り上げ、本書の位置を明らかにすることとする。取り上げる二つの問題提起とは、国民国家を相対化し対象化する「国民国家論」と、女性史研究を経て登場した「ジェンダー史」である。

1　国民国家論

「国民国家を問う」という問題提起としての国民国家論は、一九九〇年代初頭に西川長夫によってなされ、歴史学をはじめとする学問領域に強いインパクトを与えた。端的に言うと、国民国家論とは、従来自明視されていた「国民国家」や「国民」を近代の構築物としてとらえるものである。この議論を提起した西川の主眼は、国民国家を「解放の観念であると同時に抑圧の観念」であり「のり越えられるべき歴史的概念」ととらえ、その相対化・対象化をはかろうとする点にあった。

一九九二年の論文「国民（Nation）再考」で西川は、国民国家が歴史的に果たした機能について次のように述べている。[4]

国家主権と国民主権、自由・平等・友愛・民族自決、等々の神話にもかかわらず、国民国家はつねに支配と従属、搾取と被搾取、差別と被差別の構造化されたネットワークのなかに位置づけられ、その一環としての機能を果たしてきました。

国民国家が、支配・搾取・差別の構造化の一環として存在したことを指摘し、自由・平等・友愛・民族自決といった「神話」を掘り崩そうとするこの問題提起は、歴史研究者に向けられたきわめてラディカルな挑戦であったことは間違いない。

ここで、国民国家論に接した筆者が書いた文章を紹介しておきたい。この文を書いたのは二〇〇〇年であるが、当時、「新しい歴史教科書をつくる会」をはじめとする歴史修正主義だけでなく言語論的転回後のポスト・モダンの潮流からの提言によって、戦後歴史学のあり方が根底的に問われている状況を目の当たりにして、歴史研究者として歴史研究の意味をあらためて考え新たな方法を探ろうとしたものである。

「国民国家論」の視角が、画期的であったのは次の点であろう。まず、政治支配とは無関係であると見なされていた社会や文化にかかわる領域が、すべて「国民国家」の巧妙な支配の「装置」として再認識されたことである。言語や文学、あるいは芸術・学問、進歩の観点からとらえられていた科学技術や医療・衛生、「伝統」とみなされていた儀礼や習慣などが対象として取り上げられ、それらの中に潜む「国民国家」の言説が明るみに出されることになった。また、従来の枠組みであった国家対民衆という図式を壊し、支配に対抗する歴史の推進力とみなされた「民衆」や「人民」の認識を一変させたといえる。人々は、「国民国家」の一端を支える「国民」という姿をとって「歴史」に登場する。そして、そのことが反面で、「国民」という共同体形成の周辺に存在する、非「国民」という「歴史の他者」の存在を不可欠としていた、ということを想起させたのである(6)。

国民国家論についてのこのような印象は、いまもほとんど変わらない。筆者にとって国民国家論とは、まず、現代社会に生きる者――歴史を研究する者自身を含めて「囚われている」存在であることに気づかせるとともに、さらに、自らが「囚われている」その「〈国民〉という怪物」を対象化する方法を示唆するものであった。そして、これまで自明のものとして受け入れたり身につけてしまったりしている身の回りの慣行や常識が、国民国家のイデオロギーにいかに染められていたかを発見し、それを対象化するという視点を見出した。

さらに、国民国家論という「光源」は、これまでの「国民」の自明視のなかで無自覚なまま異質とみなし排除してきたもの――「他者」を照らし出すこととなった。この視点が新たに浮かび上がらせたのは、「われわれ」の一体性を唯一の〝絆〟とみなす思考が、他方で同時に「われわれ」とは異なる者を「他者」の側に追いやっていたという問題にほかならない。国民国家論の「国家の拘束力や統合力」を問題とし国民化を批判する姿勢に、人と人との「つながり」や共同性を忌避する感覚をとらえる指摘がある。[6]だが、むしろその指摘とは反対に、国民国家論には、同質性や同調を前提として成立している既存の閉じられた関係を揺るがしながら、より開かれた関係性をつくっていくためのヒントがあるといえるだろう。[7]

本書で意図するのは、国民国家論によって切り開かれた地平に立って、性差や家族が国民国家のイデオロギー装置として配置されていく歴史的過程やその仕組みに目を向けるとともに、その過程が必然的にともなう人びとの包摂と排除を問題化していくことである。

2　ジェンダー史

男性中心の歴史叙述に対して「天の半分である女性」を歴史に組み込む「女性史」は、戦前では高群逸枝、戦後ではマルクス主義的歴史学の井上清らによって大系的な「日本女性史」が描かれるなどの蓄積をもっていた。一方、一九五〇年代に各地で自然発生的に生まれたサークルではじまった生活綴り方・生活記録運動の中で、民間の女性たち自身が歴史を描く実践が行われるようになり、それは根強く続けられることになった。六〇～七〇年代には地域女性史も広がっていく。しかし、そのような一人称で書く女性史は、歴史学においては周辺的なジャンルと見なされていたと言わざるを得ない。八〇年代以降には、女性史のアカデミズムへの接近がはかられるようになるが、[8]その状況が大きく変わることはなかった。

その中で、九〇年代に登場し二〇〇〇年代に広がった「ジェンダー史」は、女性を特殊で周辺的な位置におこうとする「歴史」自体を見直そうとするものであった。戦後歴史学にゆさぶりをかけるという点で、国民国家論と軌を一にしていたといってよい。ジョーン・W・スコット『ジェンダーと歴史学』の邦訳出版（一九九二年）は大きな出来事であった。スコットが提唱したのは、「社会的・文化的性差」と定義され「ジェンダー」を歴史分析に導入することであった。所与のものとされてきた二項対立的な性差や「男」「女」に付与された意味が決して固定的なものでないことをとらえ、それを歴史化することを提起したのである。[9]

スコットの問題提起は、第二波フェミニズムとともに起こった女性史が「女を歴史学における特殊で別個の話題として隔離してしまう傾向」を見せている現状を危惧し、女性史のもつ「ラディカルな潜在的可能性」を発揮しようとする点にあった。この問題意識は、九〇年代以降の日本の女性史研究者から共感を得るものとなっていく。

「ジェンダー」概念を歴史学に導入しようという試み＝ジェンダー史が、従来の「女性史」と区別されるのは、自明のものとして準拠すべき集団とみなされてきた「女」というカテゴリー自体を正面から問おうとする点[10]にある。一人ひとりの人間が、いかに「女」「男」という性差カテゴリーに括られていったのか、それを歴史的に解き明かそうとするのがジェンダー史であった。性差の構築性をふまえ、「いかにして政治がジェンダーを形づくり、ジェンダーが政治を形づくるか」を明らかにするというジェンダー史の提言は、ジェンダーがいかに国家の制度やイデオロギーと不可分であるかを明らかにするなかで、メインストリームの歴史叙述の書き換えに及ぶことが期待された[11]。この問題意識は、自明とされた「われわれ」の構築に目を向け、国民国家を対象化しようとする国民国家論ともつながっている[12]。

日本近代史研究においてジェンダーの視点をもつ研究は、一九九〇年代に次々と出された。九〇年に出版された荻野美穂らの『制度としての〈女〉』は、「近代社会の成立と不可分の関係をもつ性別役割分担の構造や近代的女性像」を考察の対象とした[13]。「〈女〉、〈男〉という制度」から近代社会のメカニズムに迫ろうとする提起は、ジェンダー史の視点からのものといえる。

一九九二年には小山静子『良妻賢母という規範』が出された。同書も「ジェンダー」という言葉は使ってはいないが、女性への名づけにかかわる「規範」を近代国民国家との関係でとらえようとする画期的な研究であった。明治民法と同時期に女子高等教育の方針として成立した「良妻賢母主義」についての研究は、それまでにも存在した。だが、小山の斬新さは、特殊日本的な「家」や封建的女性観と結びつけて理解されていた「良妻賢母主義」を、「近代国民国家の形成や『近代家族』の成立と不可分な思想として」とらえ、西洋近代とも共通する性役割イデオロギーと位置づけた点にある[14]。

性別役割を前提とした「(近代)家族」の歴史的構築性を問題とする研究も進んだ。西洋近代を起源とする「近代家族」をめざすべきモデルから乗りこえる対象とみなす視点の転換は、家族社会学の分野ではすでに起こっていたが、歴史研究の分野で本格的に進んだのはこの時期である。注目すべきは、そこで「(近代)家族」をめぐる権力関係の問題や国民国家との関係をクローズアップする視角が打ち出されたことである。西川祐子は、家族社会学の落合恵美子が示した「近代家族」の定義[15]に対して、「この家族を統括するのは夫である」「この家族は近代国家の基礎単位である」という権力関係にかかわる項目を加えることを主張[16]、さらに後者を独立させて近代家族の定義とすべきことを提言した。この西川祐子による国民国家と家族の不可分な関係についての指摘は、近代家族を歴史的に対象化するうえで欠かせない視点となる。同じ時期に牟田和恵は、近代家族を「(人間を)「国民」として社会化するエージェント」と規定し、明治二〇〜三〇年代に生まれる「家庭」に注目しながら、家族国家観を近代国家のイデオロギーとみなす視点を打ち出した[17]。

筆者が、「国民国家の装置としての家族イデオロギー」という視点に示唆を受け、国民統合と家族イデオロギーに関する研究をはじめるようになったのは、一九九〇年代半ばの時期である。このテーマで最初に書いた論文は、大正期に社会局設立にかかわった内務官僚の思想を通して、国民統合と「家」イデオロギーの関係について論じたもので、国民国家形成期ではなく第一次世界大戦後という新たな国民統合がなされる時期を対象にしたものであった[18](第4章)。

一方、国民国家とジェンダーという問題にかかわって一九九〇年代後半に浮上したのは、「女性の国民化」というテーマであった。上野千鶴子は『国民国家』の概念を採用するだけでなく、それに『ジェンダー』の変数をつけ加えたい」と述べ、「女性の国民化」についての議論を深めることを呼びかけた。[19]上野が主に念頭においたのは、「総力戦体制」とかかわる戦時動員体制と女性の問題であった。女性の戦争協力をテーマとした研究は、七〇年代の加納実紀代らの「銃後史」研究にはじまり、八〇年代には鈴木裕子による女性団体や女性運動家の戦争協力を問題とする研究が出されるなど、大きな進展をみていた。上野は、それらを視野に入れつつ「女性の国民化」という視点を打ち出したのである。西川祐子は、九七年の歴史学研究会大会で「女性はマイノリティか」と題した報告を行い、「『女性の国民化』というマジョリティへの道筋を批判的にたどって」近代日本をとらえ返す試みを実践した。[20]また、筆者も加わった共同研究プロジェクトもあげておきたい。『東アジアの国民国家形成とジェンダー』[21]は、一九世紀末から二〇世紀前半の時期において「国民国家形成」をめざす日本・朝鮮・中国および植民地下の朝鮮・台湾、傀儡国家の「満洲国」をとりあげたものであった。

このように国民国家とジェンダーの問題は、歴史学で九〇年代に研究が始まり二〇〇〇年代に進められるようになった。本書は、こうした研究動向の中で九〇年代以降に行ってきた私の研究をまとめたものである。

3 「主体」の問題

国民国家論やジェンダー史の問題提起は、「戦後歴史学」と呼ばれる潮流の中にあった歴史研究者――とりわけ日本近代史研究者――に大きな波紋を投げかけ、論議を呼ぶこととなった。[22] 二〇〇三年に出された『〈私〉にとっての国民国家論――歴史研究者の井戸端談義』[23] には、提唱者である西川長夫と歴史研究者との率直な議論が収められており、両者の観点や問題意識の違いを知ることができる。

ここでは、日本近代史研究者が抱いた疑問を示すものとして大門正克の発言を取り上げ、考えてみたい。同書の中で大門は、ジェンダー研究や国民国家論が、「作り出された規範を問題にする」「規範的アプローチ」の方法をとることに対して、「規範を演繹的に歴史に適用する」ものであると疑問を提起している。[24] 大門の危惧は、「規範的アプローチ」によって、歴史叙述でなされるべき歴史における「主体」の「設定」が忌避されるという点にあった。大門は、「ジェンダー研究」自体に批判的なわけではない。ただし、大門が考える「ジェンダー研究、フェミニズム研究」とは、「主体としての女性という概念を設定することの非常な困難さ」を理解しつつも「なおかつ主体としての女性を設定しようとする」(傍点は引用者) ものでなければならなかった。[25] 「規範的アプローチ」に対する大門の批判は、ジェンダー史と国民国家論両方に向けられたが、実在を疑うことなく集合名詞としての「主体」を前提としてきた戦後歴史学の側から、「規範」や「モデル」という非実在の観念の問題を歴史研究に導入することへの強い困惑を表しているだろう。

では、このような危惧に対して、国民国家論やジェンダー史が開く視野の広がりに期待を寄せ、その導入をはかろうとする立場からどのような応答ができるだろう。西川祐子は、歴史学からの疑問に先んじて「モデルは実態ではないが、実態に働きかける現実的な力である」[26]と述べており、それは一つの的確な答えといえるだろう。だが、さらにここでは、あえて「主体」にこだわって考えてみたい。

ふり返ると、戦後歴史学では、「（変革）主体」は重要な論点であった。「主体」の表現として、「人民」「民族」「国民」「民衆」「労働者」「農民」「婦人」「女性」などさまざまな集合名詞が使われてきた。しかし、もはやそれを自明な「実態」と見ることは不可能であろう。集合名詞としての「主体」の設定が、外部から人びとを集団化し「意味」を付与するものであり、カテゴライズによって一人ひとりの多様なあり方を消し去るものであることが意識化された現在、安易に用いることはできないはずである。「主体としての女性」といった場合、多様な存在を「女性」という集合名詞で一まとめに括ってしまう「政治」やそれに付随する「意味」、そのときに「女性」に含まれる範囲などについての問いから逃れることはできない。

また、重要なことは、「権力」についてのとらえ方であろう。従来の主体論において、権力は外在的に存在する抑圧的なものであり、変革主体とはそうした権力に対抗するものと理解されてきた。だが、ミシェル・フーコーによって提起された〈生―権力〉論は、権力を人びとの「生」に働きかける――外在的な抑圧ではなく内在的に規律化を促す――ものとしてとらえる。[27]主体を論じようとするならば、このような権力理解は不可欠であろう。そして、「規範的アプローチ」とは、こうした理解をふまえ、主体と権力を二元的な対抗関係としてとらえるのではなく、近代に生きる人びと自身が身にまとう権力自体を対象化しようとする方法なのである。「規範的アプローチ」を単に主体を忌避するものととらえる理解には、この点で大きな誤解がある。

では、このような権力と主体の関係をふまえたうえで、人びとを歴史の変革にかかわる主体として描くことは可能なのか、可能だとすれば、いったいどのような方法があるのか。この問題を考えるうえで、筆者が示唆を受けた論を以下にあげておきたい。ジェンダー史としての「男性性の歴史」研究にかかわるG・ビーダーマンの言葉である。

「男」か「女」かという位置付けには、様々な社会的意味や、期待や、アイデンティティが付随してくる。個々の人間は、人間社会に生きようとする限りこれらの意味付けを受け入れたり、拒絶したり、取り込んだり、変更したり、とにかく対処していくしかないのだ。〔中略〕男性性を固有の本質でも一連の特質や性役割でもなく、現在進行中のイデオロギー過程と見ることによって、歴史家は人間を、歴史に変化をもたらす主体者として見ることができるのである。(28)

ジェンダー論をふまえるビーダーマンは、「男」「女」には社会的意味がつきまとうことを指摘しながら、「個々の人間」において、その「意味付け」に対するさまざまな「対処」――受け入れや拒絶や取り込み、変更など——が可能である点に注目する。そして、決して固有の本質ではない「男」「女」に対する政治的な「意味付け」をイデオロギー過程とみなし、そのイデオロギー過程とかかわる「個々の人間」を「主体者」と呼ぶのである。イデオロギーとしてカテゴリーに付される「意味」を考察しながら、同時にそれに対する「個々の人間」のかかわりを重視するこの方法は、「規範的アプローチ」をとるジェンダー史に、歴史学がかかわろうとする際の一つのあり方を示すのではないかと考える。ただし、その際重要なのは、「個々の人間」が「男」「女」といった「位置付け」「意味付け」から逃れられないことを意識しつつ、それを「イデオロギー過程」として徹底的に対象化することである。

4　本書の視角と対象

本書では、上記に述べたような国民国家論やジェンダーの視点をふまえ、近代日本社会に生きる人びとをとらえた性差や家族をめぐる規範やイデオロギーの歴史的な構築過程についての検証を行う。国民国家の形成や展開に応じて構築される規範やイデオロギー、そのなかでの「男性」「女性」モデルや両者の境界、「家族」像。また、そうした規範やモデルにそぐわない存在に対する問題視。このような事柄を明らかにしていくことになる。特に、近代女性規範についてはこれまでも多くの研究があるが、そこで議論されてきた「良妻賢母主義」についても再検討を加えていきたい。

検証にあたって注目するのは、国民統合の要請のもとで構築される規範やモデル、イデオロギーと個々の人間のかかわりについてである。そこには、さまざまなかかわり方があったと考えられる。国家官僚による意識的なイデオロギー教化、呼びかけへの積極的な呼応、モデルから外れるとみなされた立場からの対処の仕方、独自の受容や内面化の仕方など。このように、ジェンダー規範やイデオロギー、モデルのあり方とともに、それらの構築や浸透・定着の過程にかかわった人びとの思想や行動を通して、日本近代における国民統合とジェンダー構築過程を検証し、それがもたらした問題を明らかにすることが、本書を通しての視角となる。

対象とする時期について、筆者の関心は、国民国家のイデオロギーやジェンダーが実際に人々に内面化され力をもつようになる過程にある。これまで国民国家と家族やジェンダーの関係に関する研究で主に取り上げられたのは、国民国家形成期もしくは戦時体制期に限られていた。だが、本書では、国民統合の進展とともにイデオロギーが力をもつようになる時代、すなわち世紀転換期から日露戦争後、そして第一次世界大戦期から大戦後にかけての時期に照準をあわせる。戦争を経ることにより国民統合の顕著な進展がみられた時期にこそ、大きな画期があるのではないかと考えるためである。

二　本書の射程——世紀転換期から戦間期史の再考(29)

本書で対象とする世紀転換期から第一次世界大戦後にかけての時期は、戦後歴史学では主に「大正デモクラシー」の枠組みのなかで論じられてきた。「国民」化とジェンダーに着眼にする本書が提示する歴史像は、従来の見方をどのように変えることになるか、考えておきたい。

まず、従来の大正デモクラシー研究についてふり返っておこう。大正デモクラシー研究のうねりが起こったのは一九六〇年代後半である[30]。研究を牽引した松尾尊兊は、「大正デモクラシー」を、日露戦争後の一九〇五年から護憲三派内閣による諸改革の行われた一九二五年頃まで、「ほぼ二〇年間にわたり、日本の政治をはじめ、ひろく社会・文化の各方面に顕著にあらわれた民主主義的傾向」を指すものと定義した。それを生み出したものは、「広汎な民衆の政治的、市民的自由の獲得と擁護のための諸運動」であるとされた[31]。

松尾のこの定義は多くの研究者に共有され、大正デモクラシー運動の広がりについての研究が活発に展開されることとなった。なかでも影響力をもったのは、金原左門の研究である。デモクラシーの社会的基盤の解明を課題に掲げた金原は、農村における地主制の変容を「大正デモクラシー状況」ととらえ、その形成について農民運動の展開過程から検証を行った[32]。階級運動とデモクラシーを結びつけるこの視角は、一九七〇年代から八〇年代にかけて多くの研究者を農民運動史研究にひきつけることとなった。筆者もまた、その当時に農民運動史研究の潮流に連なった一人である[33]。

大正デモクラシー研究は、その後、「大正デモクラシーから昭和ファシズムへの転回」に焦点があわされるようになり運動衰退過程へとシフトすることとなる。この問いが今日的にも重要であることは間違いない。だが、ここで指摘しなければならないのは、それは運動の官製団体への組織化や経済的原因として議論され、デモクラシーに内在する問題としてとらえる視点が欠如していたということである。デモクラシーと国家主義や帝国主義とはあくまでも対立物と見なされ、両者が両立する可能性や多数派に依拠するデモクラシーがはらむ全体主義的傾向に目を向けるという問題意識はなかった[34]。

こうした「デモクラシー」研究の盲点を突いたのが、一九九〇年代の国民国家論や総力戦体制論だったといえる。国民国家論は、「国民」化の両義性——自由・平等の反面での差別・抑圧——を明るみに出し、総力戦体制論は、「（戦時動員に規定された）民主主義的改革も国民国家による統合をより強化するという傾向から自由ではありえない」と指摘する[35]。これらにより、デモクラシーと国家主義・帝国主義とを対抗的にとらえる見方は、再検討を迫られるのである。

その後登場した大正デモクラシーの見直しにかかわる研究には、次のようなものがある。都市民衆騒擾に参加した民衆の志向を分析したアンドルー・ゴードンは、それを民主主義とナショナリズム・帝国主義の複合体ととらえ、「インペリアル・デモクラシー」という呼称を提起した[36]。芹沢一也は、大正期において新たな刑事制度や精神医学、社会政策を通して創られる「大正的な権力」に注目し、デモクラットとされてきた吉野作造や美濃部達吉も同じ潮流にあったと位置づけた[37]。また近年、有馬学は、大正デモクラシーを、「帝国的編成（再編成）と国民の再定義（再国民化）のプロセス」のなかで位置づけることについて問題提起している[38]。

近年の研究をふまえるならば、次のように見ることができる。大正期には確かに、限られた特権的少数者の政治を幅広い大衆に開くことをめざした運動の高揚があり、男子普通選挙はその達成でもあった。この動きを、少数の「名望家支配」から「大衆民主主義体制」への転換という意味で「(大正)デモクラシー」と呼ぶことはできる。(39)しかし、そこにはナショナリズムや帝国主義の志向が含まれており、デモクラシーの実現としての新たな政治秩序は全体主義的傾向と無縁ではなかった。また、その結実が「男子」普通選挙であったことに示されるように、新たなジェンダー化をともなったという点も見逃してはならないだろう。

したがって本書は、日露戦後から第一次世界大戦後にかけての時期を、大正デモクラシー史として描くものではない。主眼は、国民化や国民統合の段階性を主軸に据えながら、その段階に対応するジェンダー規範やイデオロギー形成をとらえることにある。

国民国家の段階性についてあらかじめ見通しを提起しておこう。世紀転換期は、日清・日露戦争を通して日本が世界的にも後発の国民国家でありながら「帝国」として立ち現れていく時期である。そこでは、国民国家の制度的確立に加えて、戦争によって喚起されるナショナリズムや戦争への動員を通じて、国民統合が進展することとなる。一方、日本も参戦した第一次世界大戦は、参戦した欧米諸国において最初の総力戦的動員体制が敷かれた戦争であり、その意味で世界システムを形成する各国は、国民統合の新たな段階に入ったとみることができよう。総力戦の要請による国民統合は、新たな国際秩序構築や現実化した社会主義の脅威に対峙するため、各国で戦争終結後においても薄れるどころか一段と強化されたといえる。大戦後に独立した中東欧諸国においても、新たな国民国家建設の動きが開始されていく。
当該期の歴史過程は、日本を対象としたものであっても、こうした世界的な国民国家システムの新段階、それと軌を一にする全体主義への傾倒といった事柄とのかかわりであらためてとらえ直す必要があるだろう。広範な人びとが政治的・市民的自由や権利を求めそれが実現されていく過程は、同時に、国民化や国民統合、差異化・ジェンダー化、従来の規範の揺らぎと新たな規範・モデル形成といった秩序変容のなかで再検証されなければならないと考える。

三　本書の構成

本書の構成は次の通りである。

序章　「国民」とジェンダーを対象化すること
Ⅰ　国民国家の確立とジェンダー
第１章　「帝国」日本の女性像
第２章　性差の科学と良妻賢母主義
第３章　「青年」の主体的構築

Ⅱ　国民国家の再編とジェンダー
第４章　国民統合と家族イデオロギー
第５章　「女工」観とその再編
第６章　労働政策とジェンダー
終章　国民統合の諸段階とジェンダー

Ⅰで論じるのは、主に、一九世紀末から二〇世紀初めの世紀転換期を起点に国民国家システムが作動を始める過程で、ナショナリティとともに形成されていくジェンダーの基本モデルについてである。ここでは、「良妻賢母」規範が課される女性、国家将来の担い手としての役割を託される若い世代の男性――「青年」、そしてこの時期に登場する、性別役割規範を裏付けるものとなった科学的言説を取り上げる。

第１章では、国民国家のモデル女性像の形成を、「帝国」化の要請との関連から論じる。近代日本の女性規範としての良妻賢母主義については先行研究も多いが、本章では、世紀転換期のナショナリティ構築や植民地統治とのかかわりに注目する。また、その後の女性モデルの再編期となる第一次世界大戦期をも見通していく。

第２章では、良妻賢母主義の背景には、性差を生物学的な観点から本質的で自然なものとみなす「科学」の存在があったことを論じる。当時の生物学者や医学者によって唱えられた性差についての科学的言説を取り上げ、それが国民国家の要請と結びついて喚起されながら、「民族の発展」を至上命題とする優生学に帰結していった過程を検証する。

第3章では、一〇代〜二〇代前半にかけての男性に対する呼び名として使われるようになった「青年」というカテゴリーに注目する。帝国化の時代に対応した「青年」という呼びかけとあるべき「青年」像、それに呼応して自らのアイデンティティを確立させていく「青年」たちの登場を、埼玉県川越中学校の事例を通じて明らかにしていく。本章は、ジェンダー史としての「男性性の歴史（男性史）」を意識したものでもある。

Ⅱでは、欧米で総力戦として闘われた第一次世界大戦を契機として、新たな段階に入った国民統合とジェンダーの再編の問題を論じる。特に取り上げるのは、家族イデオロギーの再編、モデル女性像から外れる他者とされた「女工」をめぐる問題である。

第4章は、国民国家の装置としての家族イデオロギーの再編強化について、内務官僚の思想や彼がかかわった政策を通して論じるものである。家族イデオロギーについては、ナショナリティにかかわる「創造された伝統」としての「家」、近代家族の生活の場としての「家庭」という二つの面があり、大戦後には「家」と「家庭」がともにイデオロギーとして喚起され、それらに基づきジェンダー規範の再編がなされることに注目する。

第5章で論じるのは、「良妻賢母」というモデル女性像に対して異なる位置におかれ「女工」と呼ばれた女子労働者である。女工は、世紀転換期に成立した工場法で保護される対象とされたが、第一次世界大戦後に労務政策や社会政策の整備が進められていく過程で、さらに女工に焦点が合わされていく。女工にはセクシュアリティを問題視するまなざしがつきまとったが、大戦後には女子労働者たち自身が、運動の中でそれに代わる「労働婦人」という名乗りをしていくことについても論じる。

第6章でも、大戦後における労働政策の再編とジェンダーについて論じていく。一九二〇年代には、女子労働者への保護政策と男子労働者に家族を扶養するための賃金を支給する「家族賃金」がモデルとされながら「労働者のジェンダー」化が進むことや、そこでの女子労働者たちの対応や論理にも注目していく。

本論はⅠとⅡとに分かれているが、各論文で重点の置き方の差異はありながら、いずれの論文でも、世紀転換期における「国民」・ジェンダー規範形成と第一次世界大戦を契機としたその再編強化の両方を視野に入れている。また、論文相互において、部分的には重なるところがあることも、最初にお断りしておきたい。

註

（1）　西川長夫『増補　国境の越え方——国民国家論序説』平凡社ライブラリー、二〇〇一年、一八頁（西川長夫『国境の越え方——国民国家論序説』筑摩書房、一九九二年）。西川長夫『国民国家論の射程』柏書房、一九九八年（西川『増補版 国民国家論の射程――〈国民〉という怪物』柏書房、二〇一二年）など。

（2）二〇〇〇年代になってから西川長夫は、国民国家について「国民国家は植民地主義の再生産装置である」（「あとがき」『〈新〉植民地主義論』平凡社、二〇〇六年）と定義し、グローバリゼーションの状況を視野に入れながら「国民国家」とともに「植民地主義」の問題化を提起するようになったが、そうした視点は、「三・一一」後にさらに明瞭に現されている。西川長夫『植民地主義の時代を生きて』（平凡社、二〇一三年）の第Ⅱ部「植民地主義の再発見」を参照のこと。

（3）ジョーン・W・スコット『ジェンダーと歴史学』荻野美穂訳、平凡社、一九九二年（原著 Joan Wallach Scott *Gender and Politics of History*, 1988）, 同『増補新版 ジェンダーと歴史学』平凡社ライブラリー、一九九九年。

（4）西川長夫「国民（Nation）再考――フランス革命における国民創出をめぐって」『人文学報』（京都大学人文科学研究所）第七〇号、一九九二年三月。

（5）拙稿「歴史をめぐる現在」『平成11年度教育実践センター研究プロジェクト報告書「教育人間科学序説」研究』横浜国立大学教育人間科学部教育実践研究指導センター、二〇〇〇年。

（6）大門正克「歴史への問い／現在への問い③　一九九〇年代とはどういう時代なのだろうか――歴史研究の方法と意識をめぐって」（『評論』日本経済評論社、第一〇三号、一九九七年一〇月、のち大門正克『歴史への問い／現在への問い』校倉書房、二〇〇八年に再録）。

（7）西川長夫は「（国民国家論は）差別の構造をいかにして打破し、人類の新たな結合の形式と原理の追求をめざすもの」と述べている（西川前掲『国民国家論の射程』（註1）二〇一頁）。

（8）　一九八〇年には女性史研究者の全国的学会として総合女性史研究会が設立、一九八五年には関西を中心とした女性史研究者によって女性史総合研究会が設立された。研究成果は、総合女性史研究会編『日本女性史』全五巻（東京大学出版会、一九八二年）などとして刊行された。

（9）　スコット前掲（註3）。

（10）　ただし、それまでにも「母」「妻」「献身的女性」といった女への名づけを問題とし、一人ひとりの固有の生き方に焦点をあわせた叙述が生まれていたことは見落としてはならないだろう。たとえば、河野信子による『無名通信』（一九五八年創刊）、筑豊炭鉱の女坑夫の聞き書きをまとめた森崎和江『まっくら』（理論社、一九六一年）など。

（11）　上野千鶴子は、歴史学にジェンダーの概念を持ち込むことによって、ジェンダー化された公／私区分を前提としてきた歴史学を問い直し、「公領域における女性の不在が解かれるべき対象となるのとおなじく、私領域における男性の不在も説明の対象になる」と述べる（上野千鶴子「歴史学とフェミニズム――『女性史』を超えて」『岩波講座　日本通史　別巻1　歴史意識の現在』岩波書店、一九九五年、一七九頁）。

（12）　西川長夫は「国民国家論を最もラジカルに表現しているのはとくに尖端的なジェンダー論であろう」と述べている（西川長夫「戦後歴史学と国民国家論」歴史学研究会編『戦後歴史学再考――「国民史」を超えて』青木書店、二〇〇〇年）。

（13）　荻野美穂・田邊玲子・姫岡とし子・千本暁子・長谷川博子・落合恵美子編『性・産・家族の比較社会史　制度としての〈女〉』平凡社、一九九〇年。

（14）　小山静子『良妻賢母という規範』勁草書房、一九九一年。

(15)　落合恵美子は「近代家族」を以下の八項目にまとめた。①家内領域と公共領域の分離、②家族成員相互の強い情緒的関係　③子ども中心主義、④男は公共領域・女は家内領域という性別分業、⑤家族の集団性の強化、⑥社交の衰退、⑦非親族の排除、⑧核家族（落合恵美子『近代家族とフェミニズム』勁草書房、一九八九年）。
(16)　西川祐子「住まいの変遷と『家庭』の成立」女性史総合研究会編『日本女性生活史　第4巻　近代』（東京大学出版会、一九九〇年）、西川祐子「近代国家と家族――日本型近代家族の場合」『岩波講座　現代社会学19〈家族〉の社会学』岩波書店、一九九六年（西川祐子『近代国家と家族モデル』吉川弘文館、二〇〇〇年に加筆修正されて再録）。
(17)　牟田和恵『戦略としての家族――近代日本の国民国家形成と女性』新曜社、一九九六年、一五六頁。
(18)　拙稿「大正デモクラシー期における『国民』統合と『家』――内務官僚・田子一民の思想にみる」（『日本史研究』第三九八号、一九九五年一〇月）、拙稿「近代日本の国家と家族に関する一考察――大正期・内務官僚の思想に見る」（『横浜国立大学人文紀要第一類（哲学・社会科学）』第四二輯、一九九六年一〇月）。本書第4章は後者を加筆修正したものである。
(19)　上野千鶴子「『国民国家』と『ジェンダー』――『女性の国民化』をめぐって」『現代思想』第二四巻一二号、一九九六年一〇月。
(20)　西川祐子「女性はマイノリティか」『歴史学研究　増刊号』第七〇三号、一九九七年。国民国家形成期や戦時体制期以外の研究としては、舘かおるの女性参政権運動を扱った研究（舘かおる「女性の参政権とジェンダー」原ひろ子編『ライブラリ相関社会科学2　ジェンダー』新世社、一九九四年）や、第一次世界大戦後の家庭のありようの変化に注目した小山静子『家庭の生成と女性の国民化』（勁草書房、一九九九年）などがある。

(21) 早川紀代・李熒娘・江上幸子・加藤千香子編『東アジアの国民国家形成とジェンダー――女性像をめぐって』青木書店、二〇〇七年。

(22) 国民国家論の登場によって、「戦後歴史学」の「再考」が促されたことは、歴史学研究会一九九九年度大会全体会で「再考　方法としての戦後歴史学」がテーマに掲げられ、西川長夫が報告者の一人として登壇したことからも明らかである。国民国家論については歴史学関係の学会誌などで多くの論評があるが、まとまった代表的なものとして、成田龍一「歴史意識の八〇年代と九〇年代」、や阿部安成「『国民国家』の歴史学と歴史意識」（歴史学研究会編『現代歴史学の成果と課題Ⅰ 1980-2000　歴史学における方法的転回』青木書店、二〇〇二年）など。

(23) 牧原憲夫編『〈私〉にとっての国民国家論――歴史研究者の井戸端談義』日本経済評論社、二〇〇三年。

(24) 同前、一九頁。

(25) 同前、二四頁。大門の念頭にあったのは西川祐子の論である。西川祐子は、一九九七年の歴史学研究会大会全体会で「女性はマイノリティか」の報告を行ったが、そこで「女性」をマイノリティとする一括規定を拒否し、「無数の小さな物語」としての一人称で語ることを提示していた。大門は、西川のこの選択に対して「集合名詞＝女性を忌避し、そのうえで選ばれた一人称とはいったい何なのだろうか」と疑問を呈している（大門前掲（註6））。

(26) 西川前掲『近代国家と家族モデル』（註16）。

(27) ミシェル・フーコー『性の歴史Ⅰ　知への意志』渡辺守章訳、新潮社、一九八六年（Michel Fou-

cault, *L'Historie de la sexualite, La volonte de savoir*, Gallimard, 1976)。

(28) G・ビーダーマン(Gail Bederman)「マンリネス(男らしさ)と文明——アメリカ合衆国におけるジェンダーと人種の文化史一八八〇～一九一七年——」土屋由香訳、小玉亮子編『現代のエスプリ マスキュリニティ・男性性の歴史』第四四六号、二〇〇四年。

(29) このテーマに関しては、拙稿「『大正デモクラシー』と国民国家」(『歴史評論』第七六六号、二〇一四年二月)で詳しく論じている。

(30) 最初のまとまった研究としては、松尾尊兊『大正デモクラシーの研究』(青木書店、一九六六年)、通史として、今井清一『大正デモクラシー』(中央公論社、一九六六年)がある。

(31) 松尾尊兊『大正デモクラシー』岩波書店、一九七四年。

(32) 金原左門『大正デモクラシーの社会的形成』青木書店、一九六七年。

(33) 拙稿「普選実施後の農民運動——埼玉県比企郡内3村を事例として」(『歴史学研究』第五五四号一九八六年五月)などを発表した。

(34) 伊藤正直・大門正克・鈴木正幸『戦間期の日本農村』(世界思想社、一九八八年)は、一九七〇～八〇年代の農村史研究を総括しており、大門正克は「社会」分析の意義を強調している(大門「農村社会構造分析」の章)。一方、討論で鈴木正幸は「天皇制」や「植民地問題」がドロップしていたことを述べている(同 二一九～二二〇頁)

(35) 山之内靖「総力戦とシステム統合」山之内靖、ヴィクター・コシュマン、成田龍一編『総力戦と現代化』柏書房、一九九五年、七五頁。「総力戦体制論」は、現代史をファシズムと民主主義の対決として描きだすのではなく、総力戦体制による社会の編成替えという視点から把握しようとするものである。

(36) アンドルー・ゴードン「日本近代史におけるインペリアル・デモクラシー」(『年報日本現代史2 現代史と民主主義』東出版、一九九六年)、「インペリアル・デモクラシー」の最初の提起は、同「戦前日本の大衆政治行動と意識を探って――東京における民衆騒擾の研究」(『歴史学研究』第五六三号、一九八七年)。

(37) 芹沢一也『〈法〉から解放される権力――犯罪、狂気、貧困、そして大正デモクラシー』新曜社、二〇〇一年。

(38) 有馬学「『大正デモクラシー』の再検討と新たな射程」『岩波講座 東アジア近現代通史4』岩波書店、二〇一一年。

(39) 安田浩『大正デモクラシー史論――大衆民主主義体制への転形と限界』校倉書房、一九九四年。

I　国民国家の確立とジェンダー

第1章 「帝国」日本の女性像

はじめに

本章では、日本が日清・日露戦争を経て国民国家を確立させると同時に、アジアの「帝国」として立ち現れる世紀転換期に焦点をあわせ、「帝国」日本のジェンダー化の問題を、モデル女性像が生み出されていく経緯を中心に検証する。(1)

世紀転換期に成立をみる女子高等教育理念としての「良妻賢母（主義）」については、一九六〇年代より研究されてきたが、そのとらえ方には九〇年代以降変化が起こっている。深谷昌志に代表される良妻賢母主義についての従来の理解(2)は、戦前日本に特有な国体観念――「家族国家観」――との関係によって生み出されたとするものであった。それに対し、九〇年代に小山静子が打ち出したのは、「良妻賢母」を、戦後日本や西洋近代にも共通する「近代」の女性規範としてとらえるという視点である。(3) 良妻賢母主義を、近代化の遅れた日本に特有の思想とみなす理解を排して、戦後日本を含めた「近代」の思想としてとらえその問題を抽出しようとする観点は、きわめて今日的な問題提起と考える。筆者もこの「近代」の女性規範という理解に立つものである。

そのうえで照準を合わせるのは、国民国家形成との関係についてである。良妻賢母主義が提起された世紀転換期は、日本が、東アジアにおける植民地統治を開始しながら欧米を中心とする帝国主義世界への参入を果たしていく、まさにその時期であった。日清・日露戦争を通して植民地領有国となり、欧米諸国に対峙しうる「帝国」としての体制の確立を急務とした日本が打ち出した女性像が「良妻賢母」だった、といえないだろうか。

期待されたのは、高等女学校以上の教育を受ける高学歴女性で、階層的には中産階級出身者である。高等女学校令（一八九九年公布）を契機に巻き起こされた女子教育論議のなかで論議の的となった彼女たちに、モデルとしての「日本女性」像形成にかかわる重要な役割が課されたことは間違いない。

モデル女性像に関する議論は当時もさまざまな場で展開されたが、まず政策の場に上せられ影響力を発揮した言説を取り上げる。文部・内務省関係の官僚、学者たちの認識である。さらに他方で、政府とは一線を画しながら、女性の使命についての議論を喚起したメディアとして週刊『婦女新聞』を取り上げる。『婦女新聞』の使命についてはすでに多くの研究者が論じているが(4)、ここでは、同紙が日本の「帝国」経営を後押しするという任務を意識化していた面を重視し、そうした同紙の立場と描かれる女性像とのかかわりをみていくこととする。

一　日露戦争と良妻賢母主義

日本の公教育におけるモデル女性像――良妻賢母主義――を語るうえで、一九〇一（明治三四）年から五年まで文部大臣を務めた菊池大麓《だいろく》の存在は欠かすことができない。一八九九年の高等女学校令によって一県一校の高等女学校設置が規定され制度化が確定し、女子高等教育の本格的な展開を迎えたばかりの時期であった。一九〇二年一月に行われた大日本婦人教育会の演説において、菊池は次のように述べている。

良妻賢母たるのが女子の天職である、而して家庭の主婦たることは頗る大切なる職分でありまます。善良なる国民を造らうと思へば、先づ其源たる家庭が善良でなければならん、善良なる家庭の多い邦は栄え、不良なる家庭の多い邦は衰ふ。即ち家庭は一国の根本であるから、之を改善する事は、実に目下必要なる事でありまする。(5)

菊池が意図したのは、「善良なる国民」を造る「善良なる家庭」の担い手の形成である。規範的女性像としての「良妻賢母」は、「一国の根本」と位置づけられた「家庭」を「善良」にするという国家的役割が期待されたのであった。一方、この理想的女性像は、次のような女性像の否定のうえに提起されていることに注意しておきたい。菊池は、「男女同権」という言葉を「忌まわしい語」と切り捨てたうえで、「女子の男子らしい事は好ましくない」として「独立して総ての職業に就き、男子と併行して競争する、例へば弁護士の如き者を始め、其他種々の点に於て男子と同じ地位に立つ事は、私は本邦の女子に対して望まない」と述べる。「男女同権」を唱え独立して男子と同じ職業に進出する女性を、「本邦の女子」のあるべき姿の対極におくのである。

菊池の描く女性像は、同年五月の全国高等女学校長会議での演説でさらに明確になる。

> 日本では此の婦女子と云ふものは、将来結婚して妻になり母になるものであると云ふことは、女子の当然の成り行きであると云ふ様に極つて居るのであります。〔中略〕我邦に於ては、女子の職と云ふものは、独立して事を執るのではない、結婚して良妻賢母となると云ふことが将来大多数の仕事であるから、女子教育と云ふものは、此の任に適せしむると云ふことを以て目的とせねばならぬのである。[6]（傍点は引用者）

ここで、女子の「結婚」が強調されていることに注意したい。同じ演説で「或る二三の国の如きに於ては、女子の結婚と云ふものは、女子の生涯に於て必ず起ると云ふことでなくて」とも言い添えられている。

文部官僚としての菊池は、幕末と明治維新後の二度にわたるイギリス留学の経歴をもっていたことからわかるように、西欧の事情に通じその動きに極めて敏感な人物である。[7]「家庭」やそこでの女性役割――「妻」「母」――に対する彼の強い関心は、同時代の西欧社会――特にヴィクトリア朝道徳が一世を風靡していたイギリス――の見聞のうえでのものといえよう。彼の言う「家庭」とは、近代家族にほかならない。だが注意したいのは、菊池が、女子高等教育が引き起こす問題に目を向けながら、この「家庭」を日本的な家族のあり方と結びつけていたことである。その問題とは、結婚せずに職業をもって自立する女性の増加、男女同権論を唱える女性や過激な婦人参政権論者（suffragette）の登場などであった。この時期のイギリスにおける婦人参政権運動の「過激さ」は、運動家に「スピンスター（spinster）」と呼ばれた高学歴独身の女性が多いこととあわせて、同時代の日本でも報じられていた。『婦女新聞』にも、「英国婦人の参政権運動や過激派の暴行」が「非常に重大なる影響を女子教育界に及ぼす」ことを危惧する内容の記事がある。[8]菊池による「良妻賢母」主義方針は、「家庭」と呼ぶ近代家族を前提としながらも、同時に西欧で進んでいた女子高等教育が生む高学歴女性の「過激な」姿に対するアンチテーゼとして選びとられ、日本の家族におけ る女性のあるべき姿として提起されたものといえよう。

良妻賢母主義が当時の欧米諸国を強く意識したものであったことは、教育学者・下田次郎の言葉にもうかがわれる。一九〇三（明治三六）年に文部省の命を受けた欧米視察から帰国した下田は、帰国後、女子教育に関する講演を各所で繰り返し行ったが、その内容は良妻賢母主義礼賛一辺倒であった。従来の儒教的な「三従七去」に代わる女子道徳を必要とみた下田は、現実の日本女性が西洋と比較して「公徳」に欠ける点を「支那流道徳」に由来する欠点と批判しながらも、「日本婦人の礼儀の正しいこと、忍耐力の強いこと、とても西洋婦人の及ぶ処ではない」とその礼儀や忍耐を高く評価した。そのうえで「何事も西洋のをとって直に日本に移してはならぬ。長短相補はねばならぬ」と述べ、「西洋流」とは一線を画した「日本婦人」が備えるべき道徳として良妻賢母主義を唱えたのである(9)。

日露戦争は、このようなモデル女性像としての「良妻賢母」を、女子高等教育理念として確定し、さらにそれを社会的に広く認知させるうえでの大きな契機となった。次にその経緯をみていこう。

当時の日本で日露戦争は、欧米と対等な「一等国」化を達成するための正念場として受けとめられたが、同時にその過程で、西洋にはない「日本人の国民性」の優秀さとしてのナショナリティに関する言説が盛んに喧伝されたことに注目したい。

日露戦争の開始後に大隈重信は、次のように語っている。「今度の日露戦争に於ては、我国が西洋の組織的精神を充分に利用してをるばかりでなく、西洋人には到底出来ないと信ぜられる様な事をば、我国人は平気でそれを遂行してをる」。さらに大隈はこうした自負をもって、「我民族に特別優等の文明とは何であるか」の考察をふまえた新しい教育方針が必要だと述べる(10)。また、折しもロンドンに赴いていた仏教学者・高楠順次郎は、日露戦争が「列国の外交と世界の人心に異常の変化を与えた」ことを指摘し、欧米人の間では、「戦勝の光栄を担つた日本人は、実に不思議な人種である」という「大疑問」が沸き起こっていると伝えた(11)。欧米のまなざしを借りながら「日本人」

「日本民族」の「優等」性を語るこうした言説は、日露戦後の日本国内で歓迎され、教育関係者もそれに飛びついたのである。

すでに日露戦争の最中において、日本軍の強さを語る際に日本人のナショナリティとしての「武士道」論が持ち出されていたが[12]、戦後に「武士道」に代わって喧伝されるようになったのは、「家族主義」であった。高楠は「戦勝は家族主義の賜物」とし、「自分一己を本位として行動」する欧米の「個人主義」よりも、「個人を犠牲に供して国家のために働く」ことで「一家の面目」をあげる日本の「家族主義」の方が、戦争を勝利に導くために効果的であったと述べる。さらに「二千年来の家族主義を土台としてこれに西洋の個人主義の長所を加へ」「新日本のナショナリチー」を形づくることを提唱するのである。

こうした主張に対しては、「専制の家族主義」を称揚することの弊害を指摘する板垣退助のような反対意見もあったとはいえ[13]、「家族主義」は教育界などで積極的に受けとめられていく。『教育時論』誌は次のように賛同の意を示した。「国民の家族主義なるは又其の国家主義なる所以、此等の関係は日本民族の特有として〔中略〕吾等は此の特色が広く国民的自覚となりつつあるを見て、実に慶すべしとなすものなり」[14]。さらに、一九一〇年刊行の第二期国定修身教科書の編纂過程のなかで、家族主義は、「国民道徳」の根幹として公教育理念として認められ、修身教育の中枢に据えられることになった[15]。

菊池が提唱した良妻賢母主義は、家族主義を日本のナショナリティの中核に据えようとする動きのなかで、それと一体化して影響力を拡大していく。一九〇六年に菊池に代って文相となった牧野伸顕は、地方官会議の場で「女子の教育は其の本分なる、良妻賢母を作るにあり」と菊池と同趣旨の演説を行ったが、さらに次のように言及している。「欧米に於ける女子専門教育は、これ特別の例外にして、此の例外を要する事情、彼の地には存すれども我が国にはなし、此のなき所に於いて、然も彼の例外に倣ふは、女子をして却りて不幸に陥らしむるものなりとせらる」。あえて女子専門教育を行う欧米の例にならう必要がないことを明言し、良妻賢母主義を日本独自の方針として強調したのである。(16)

興味深いのは、日露戦争中に「ローズベルト氏の家庭演説」という題でアメリカ大統領の「家庭」重視論が紹介されたことである。『教育時論』の記事は、「米国母の会大会」でのT・ルーズヴェルトの次のような言葉を掲載した。

国に健全なる家庭なく、普通人民に信義なく、常識なく、真摯なく、妻として其務を尽し、母として健全の子女を挙げ之を養育し、以て国民の発達を計るにあらずんば、仮令巨万の富を積むと雖も、遂に夫れ何物をか国家に益せん。(17)

この言葉は、高等教育の普及によって結婚せずに男子と張り合う女性の増加しているアメリカで、大統領が「国民の発達」にとって「健全なる家庭」や良妻賢母主義の重要性を認めた、という文脈のなかで紹介されていた。

大隈重信は「今後教育の大主義」と題して、「英米の教育家及び識者も、亦欧米に於ける女子高等教育の弊を論じ、女子高等教育は、却りて我が日本女子大学校の教育に学ぶべしとするものあり」と述べている。[18] 欧米のまなざしを借りながら、日本の教育家たちは良妻賢母主義への自信を一層深めたことが分かる。近代家族を前提とする良妻賢母主義は、欧米が強く意識されながらも「わが国独自の」女子高等教育理念という理解のもとに定着を見ていくのである。

一方、同時期の一九一〇年、社会政策学者・河田嗣郎の著書『婦人問題』[19] が発売禁止処分を受けるという事件が起こったことに注目したい。河田が理論的根拠に求めたのは、J・S・ミルの *The Subjection of Women*（『女性の隷従』）であった。河田は、ミルの同書から欧米の「婦人解放」の潮流を読み取り、女性の「自主独立の大義」を前面に打ち出すとともに、女子教育について次のような提言を行った。「従来の如く、婦女子が徒らに家政とか育児とか裁縫とか料理とか云ふが如き方便的些事に心神を労し精力を消耗することなきを得、之等に献げたる総ての精力とを、専ら天賦能力の涵養啓発に献ぐるを得ることとなり、為めに人類全能力の増加すること、真に多大なる可きや必せり」。女子の能力を家事に限定することなく発揮させようとする意見であり、良妻賢母主義に対する批判とみるべきであろう。こうした河田の主張の背景には、彼の次のような時代認識がある。河田は、同時代の世界を、「婦人の就職」が「欧米諸国と云はず我国と云はず今や実に白日を見るが如き明白の事実」となり、「家族制度大に弛《ゆる》（む）」時代ととらえていた。彼は、そうした時代の中で次のような問題が起こることを指摘する。

女子の労務が補助的に行はれ〔中略〕一家生計の不足を補ふに供せんとするものならばまだしも忍ぶ可きなれど、家族制度大に弛みて各人は各自の手を以て独自一己の生計を立てざる可からざるに至りては、悲惨之より生ぜざるを得ず。

河田は、女性の職業進出や家族制度の弛緩の趨勢をとらえており、そうした状況をふまえて「独自一己の生計」という観点から、女子の労働や賃金の問題を提起したのである。社会政策学者の河田が、変動する社会の観察者としての立場から、家族制度の不変を前提とする発想を採らなかったことは明瞭である。だが、河田のそうした発想は、ナショナリティとして位置づけられた家族制度を否定するものとされ、同書は発禁処分となった。この事件が示すのは、女性の労働を家族制度から自立した「独立一己の生計」問題として考えていく発想が政策の場から失われた、ということにほかならない。

二　「帝国」経営と女性活動奨励論

日露戦争を経て、「家庭」における女性役割を前提とする良妻賢母主義は、ナショナリティの論議と結びついて公的な女子教育方針として確立をみた。しかし、この時期に一方では、ドメスティックな良妻賢母像を越えるような女性像も力をもっており、良妻賢母主義一色になったというわけでなかったことも指摘しておきたい。女性たちに対外的な社会活動を求める議論の高まりである。[20]

先に挙げた文部大臣菊池大麓による良妻賢母主義の唱導に対して、『婦女新聞』は社説で次のように異を唱えている。「殊更らに妻及び母と範囲を限る事穏当にあらず」、「妻たり母たらざる場合は、品格ある一箇の淑女として世に立つべきなり。而して又品格ある淑女は、社会風教の維持者として頗る必要なる事あり」。「教育事業慈善事業又は社会矯風の事業に従事して大なる成功をなしたる婦人は、古今東西ともに、不婚者或は寡婦なる人に多き」ことも指摘される。[21] 妻や母の外にも「社会風教の維持者」として活躍する女性を認めよ、というものである。一九〇〇（明治三三）年に福島四郎によって創刊された『婦女新聞』は、「目的」の第一に「女子教育上の大方針」の研究を掲げた週刊新聞である。『婦女新聞』では、進歩を遂げた西洋の女子教育を念頭におきながら、日本にふさわしい女子教育の方針が検討されていくが、「社会風教の維持者」としての女性像には、欧米に多く見られた独身の女性社会事業家の姿が念頭にあった。

『婦女新聞』は、海外留学から帰国した教育学者・下田次郎が行った「良妻賢母演説」に対しても、失望を隠さない。同紙は、そもそも「良妻賢母」という語が、「西洋風の『レデーとしての教育』に反抗する着実の主義として、旧思想の女大学崇拝の父兄が賛同して」使われてきた「旧思想」であると断言し、そうした旧い良妻賢母主義は、「女子教育の革新時期」である現在「標榜すべき適当な文字ならんや」と疑問を呈する。[22] そこには、日本の女子教育が、依然として西洋とは異なる「因循なる、姑息なる、昔風の男尊女卑的」なものと受けとめられかねないことに対する危惧がうかがわれる。

日露戦争は、女子教育方針としての良妻賢母主義確立の反面で、女性の社会的活動を促し、女性の地位を向上させようという声を呼んだ。良妻賢母主義的傾向が強かった『女学世界』でも、教育家・戸板関子の次のような勇ましい弁が掲載されている。[23]「女子の本分は子を産で育つれば足れりといふにあらずや、女子は男子の頤使に応ずべき奴隷にあらず。諸君は其位置を高むべし。其権利を拡張すべし、男子若し之を拒まば諸君は歩武を揃へて突貫して之を奪取すべし」。女性の地位の向上、権利の拡大、職業的進出を声高に叫ぶのである。この高揚感の背景には、「今や我国は世界環視の中に在りて、陸に海に連戦連捷」という当時の戦況があったといえよう。この意識が「世界第一等の強国と仰がれても、女子を賤しむの風存する限りは、まだまだ世界の優等国とは称すべからず」との主張を生んだのである。

『婦女新聞』も日露戦争開始とともに、女性の社会的活動を奨励する主張を強めていく。「今や我国は、列国監視の中に、空前の大戦争をなしつつあり」と従来にも増して欧米の眼差しを強く意識し、戦時下における「近時、我が婦人界に於て喜ぶべき現象」として以下の三点を挙げる。「出征軍人家族救護団体の組織」「看護事業、恤兵品の製作」「軍人の妻たる人の雄々しき覚悟」。「出征軍人家族援護団体」とは愛国婦人会を指すものであり、戦争遂行への女性の積極的なかかわりを「我が婦人界の進歩を証するもの」と称えている[24]。

ここで、「列強のある部に誤解を招けるもの」あること、すなわち欧米諸国での「黄禍説」の広がりに注意を喚起している点に目を向けたい。同紙は、「我国民は、この恐ろしき妄想より出づる彼の誤解を解かざるべからず」と、欧米諸国の日本に対する「誤解」を大きな問題とした。例として「一西洋婦人雑誌」の記事が紹介されているが、それは次のようなものであった。「彼等（筆者註――日本）は精神的に未だ東洋の野蛮を脱せず、そは多くの例証をあぐるまでもなく、彼等蛮勇なる男子がいかに婦人を虐待せるか、はた彼等蒙昧なる婦人が人権を蹂躙せられながらいかに蠢々として自ら覚らざるかを一見せば蓋し思ひ半ばに過ぎん」[25]。文明化をめざす立場からすると、西洋からの「野蛮」視は大変な屈辱である。「野蛮」な例として挙がる女性の「虐待」や「人権蹂躙」についての「誤解」は、ぜひとも払拭しなければならない。そこで同紙が「誤解をとくの一方法」として訴えるのが、日本女性の活動とりわけ「対外的活動」なのであった。同紙は、「我日本婦人の真価を海外に発揮する最好の機は今目前に迫れり、有為の婦人は起つて此際大に活動すべき也」と声高な呼びかけを行うのである。

では、『婦女新聞』が提唱した「対外的活動」とはどのようなものだったのだろうか。同紙が対外的活動の場としたのはアジアであった。文明化の遅れた清における女子教育活動の奨励[26]に続き、日露戦争期には日本の保護国となった韓国に焦点があわされた。日本による「韓国の経営」策の「永遠の策、最上の手段」として教育の重要性を挙げる同紙は、女子教育をその鍵を握るものと説く。今後必要となる「韓国の経営」において、韓国上流社会で「優勢なる原動力」たる「婦人を動かさずば、到底根本に立て十分の効果を奏する能はず」という認識があった。また、韓国では「甚だしき男女隔絶主義」のために男子が女子に接近して働きかけることは不可能であるため、韓国女性の教化には日本女性がかかわらなければならないという理由も挙げられている。読者である日本女性には、保護国である韓国の女子教育という重大な任務への参加が呼びかけられたのである。同紙は「我が婦人界より、第二の安井氏、第二の河原氏の続出して、かの女子教育の任に赴かん事を切望す[27]」と訴える。女子教育振興の目的でタイ王室に招かれた安井てつ、蒙古王室の家庭教師として赴任した河原操、モデルとされたのはこの二人であった。

日露戦争後の一九〇九年七月、閣議で韓国併合方針が決定されると、直ちに『婦女新聞』はその方針を受け、「在韓婦人の任務」を説く社説を三回にわたって連載した。さらに翌一〇年八月の韓国併合に関する条約調印の後には、「朝鮮開発と婦人」の社説を掲げ、読者女性に対して次のように呼びかけている。

風俗習慣歴史を異にし、殊に名義のみは日本国民となりたるも、未だ真の日本国民性を解せざる彼等をして、況んや陰には一種の反感を有する者あるを免れざる今日、彼らを指導して之を日本化せしめ、文明の民たらしめん事は、頗る困難の事業なりといはざるべからず。是に於てか、吾等はわが婦人諸君が、奮励努力、以て此の国家的事業の裏面に働かん事を希望す[28]。

併合にともなって「名義」上の「日本国民」となった韓国の民衆を「日本化」し、「文明の民」とするという「文明化の使命」の任務が呼びかけられたのである。『婦女新聞』が読者女性に求めたのは、日本の植民地統治としての「朝鮮開発」を成功に導くための「裏面」における任務であった。愛国婦人会をはじめとする諸団体での活動も念頭にあったといえよう。

この社説では、日本に「反感を有する者」の存在にも注意が払われていた。その後危惧はさらに強まる。一九一三（大正二）年に入ると同紙は、日本による韓国併合に抗する独立運動への女学生の参加を問題にするようになっており、「内地女学生にも余り見受けぬ飛上り者となるのが多い」という表現もある(29)。この時期には「現在の朝鮮は頗る危険なる過渡時代に在（る）」と書かれているように、植民地統治の下での「日本化」「文明」化が大きな抵抗を呼んだことは明らかであった。だが、こうしたなかで「厭ふべき上つ辷《すべ》りの風潮をして相当阻止する」ための日本女性の働きは、従来にも増して喚起されたのである。

さて、このように「文明化の使命」を担う日本女性は、アジアの女性とは異なる存在でなければならなかった。『婦女新聞』には、朝鮮のみならず東アジア諸地域の女性の風俗にかかわる記事がたびたび見られる。それらに共通する眼差しは、「文明」の側に立って異文化を矯正すべき対象ととらえるものである。台湾についての記事では、纏足の「奇怪」さが強調される。「歩行する様は実に気の毒なる有様にて全く軽業師の綱渡りをする様に酷似候故、雨天の時は一切外出するもの無之、中には左右両人の肩を寄りて漸く歩行し得るものも有之候」[30]。また、アイヌの紹介では、政府の禁止にもかかわらず、娘に対して「恐ろしい装飾」である「文身」が行われていることに触れている[31]。北方民族ツングースについては、女性や子供たちが小川の辺で生きている魚を「口の辺りを血だらけにして喰べて居」ることを挙げ、「これが人間かと頸を傾けたく成ります」と評する記事がある[32]。

一方、清や朝鮮については、儒教の「弊」を指摘する点が特徴的である。朝鮮に関する「弊」としては、まず男女の別が厳重なことが指摘される。昼間は男子が外出し、夜にはそれと入れ代りで女子が外出する、さらに「家内においても男女室を異にし食事までも共にしない」と書かれている。また繰り返し挙げられたのは早婚の弊害であった。そのために「学問は女子に必要のないものと見なされ、通例女子の学ぶのは諺文、裁縫、料理、祭祀、此の四つである」と紹介される。こうした弊害のために、朝鮮では「家庭教育」というものが全く存在しない、「一家の団欒といふものもないから、而して此の家庭教育の無い事が此国の進歩しない一原因であらう」と書かれている[33]。

アイヌや清・朝鮮女性の描写が照らし出すのは、それらと対照的な位置にある文明国の日本女性の姿にほかならない。日本女性像は、アジアの女性を非文明的存在とみなし他者化するなかで、それらを指導する立場として描き出されるのである。

またアジアとの違いとして、もともと日本では女性の社会的地位が高かったという点が強調されたことも指摘しておきたい。大隈重信による「東洋に於いての日本婦人」という演説が紹介されている。[34]そこで大隈は、東洋の諸国が滅びたのは「女子を国民から取除いた為めである」と説きながら、日本は「全く建国の有様が他の東洋諸国と異なって居る」とし、「男性が女性を苦しめる事はなかつた」と断定する。天皇の先祖が女性である天照大神であることがその根拠とされ、封建時代の男性中心の制度は「日本の真趣ではない」というのである。

また、同趣旨の論理として教育家・下田歌子の論説がある。[35]下田は、やはり日本建国神話に依拠して天照大神の例を引きながら、日本の女性が全時代を通じて男子に服従を強いられたという一般的な理解は誤りだとし、古代日本においては男女間に差別がなく、女性も尊敬を受けていたが、そうした高い地位は中世以降に低下したと述べる。そして明治維新後に、再び「欧州文明と、我皇后陛下の御奨励」によって、日本の女性はかつての地位を獲得しつつあると論じている。つまり、建国当時の日本では、他のアジア諸国とは異なって女性は高い地位を得ていたというのである。アジアに対する日本の優越性の根拠として、建国神話を引きながら女性の地位の高さが持ち出されたことが目をひく。

三　第一次世界大戦と女性像

これまで、日露戦争期に二様の女性像が登場したことを論じてきた。日本のナショナリティとしての家族主義に裏打ちされた良妻賢母主義と、対外的に「帝国」経営における女性役割を担うための社会活動家としての女性像である。ではこれらは、第一次世界大戦を経る過程でどのような展開を遂げていったのだろうか。

先行研究では、「第一次大戦の教訓として、単なる『良妻賢母』にとどまらない、女性の新たな能力開発の必要性が展開されていく」[36]と述べる小山静子は、「国体観念の涵養の強調、伝統的な女性観の強化」というこれまでの理解では不十分だとして、「もっと新しい女性観が積極的に模索されていった」と指摘する。[37]陸軍省が総力戦をたたかうヨーロッパにおける女の力の重要性を学んだことなどが、その理由としてあげられる。ここで、世界大戦の「衝撃」と日本の良妻賢母思想の再編に着眼したことは重要である。だが、大戦後の新たな展開は、「女性の能力開発」や「新しい女性観」という点からだけでとらえられるだろうか。

本節ではあらためて、第一次世界大戦を契機とする良妻賢母主義の再編を検証していく。その際重視するのは、日本の国民国家の発展において第一次世界大戦は大きな画期であったことをふまえ、それが新たなジェンダー化にどのようにつながったのかを明らかにすることである。大戦中から大戦後にかけての文部・内務省および民間の『婦女新聞』を取り上げながら、世界情勢の受けとめ方と新たに提起された女性像について見ていくこととする。

1　文部・内務省による女性像

世界大戦の情勢を受けとめた政府の認識を示す文書において、まず筆頭におかれたのは、「国民思想」「国家観念」の明確化であった。一九一七（大正六）年九月に出された臨時教育会議の建議[38]では「国民思想ノ帰嚮ヲ一ニシ其ノ適従スル所ヲ定ムルヨリ要ナルハナシ、而シテ其ノ帰嚮スル所ハ建国以降扶植培養セル本邦固有ノ文化ヲ基址トシ時世ノ進運ニ伴ヒ益々之カ発達大成ヲ期スルニ在リ（傍点は引用者）」とある。内務省が一九年三月に発令した「民力涵養に関する訓令」でも、要綱の筆頭に「立国の大義を闡明し、国体の精華を発揚して、健全なる国家観念を養成すること」が挙げられていた。

ここに、外国からの新しい「危険思想」の流入を阻止するという意図があったことは否定できない。だが、こうしたナショナリティの発揚が、国民の愛国心が競われるという大戦下の世界情勢の中で登場した点に注意する必要があるだろう。大戦下に、内務省の命により欧米各国視察を行った内務書記官・田子一民は、視察後の報告で、「今回の戦争で、英米両国が非常なる獲物をした」点として「国家的精神の統一」「愛国動員」を成功させたことを挙げるとともに、戦後経営の重点として次のように述べた。「戦争に依り今後産れる所のものは愛国心で、忠節の志を涵養することに各国が競争するであらうと思ふ[39]」。一見古めかしく見える「国体」観念は、まさに各国の「愛国心競争」という大戦後の新しい国際情勢に対応するために、提起されたのである。

この意図の下で、女子教育においても愛国心が強く要請されることとなる。臨時教育会議の女子教育についての答申では、その第一項に次のように書かれている。「女子教育ニ於テハ教育ニ関スル勅語ノ聖旨ヲ十分ニ体得セシメ、殊ニ国体ノ観念ヲ鞏固ニシ」「以テ家族制度ニ適スルノ素養ヲ与フルニ主力ヲ注クコト（傍点は引用者）」。議論の中で、「日本ノ女子ト致シテハ賢母良妻ハ固ヨリ結構デアリマセウガ、之ト同時ニ日本ノ国ニ於ケル一ツノ婦人デアル、即チ日本ノ国ニ対スル所ノ正シイ一個ノ女デアルト云フヤウナ女子ノ教育」（鵜沢総明）が説かれたのも、女子に対する愛国心の要請を示すものといえる。

また、「国体ノ観念」の喚起は、「家族制度ニ適スル素養」と不可分なものとされ、家族主義イデオロギーも同時に喚起されることとなる。ただし、家族主義が喚起される際、「家庭」という語が多用されている点にも注意したい。先に国際的な愛国心競争を視野に入れた内務官僚・田子の論を紹介したが、国民的自覚を唱えた彼が重視したものこそ、まさにこの「家庭」であり、そこでの女性の役割であった。田子は、「家庭」という言葉を、日本のナショナリティを示すものとして使用すると同時に、実際の家族生活の場を表す言葉としても使う。さらに田子は、「生活難」が社会問題となるであろう大戦後の日本に必要なものは「家庭の維新」であるとする。彼によれば、女性こそが「家庭の維新」の実行者なのであった。「家庭の維新」を担う女性には、合理的な家事遂行能力も求められた。この呼びかけの中で、女性と「家庭」の密接な関係や家事役割が従来にも増して重視され、また鮮明なものとなったといえる。(40)

一方、女子教育に関する臨時教育会議の答申には、「精神ヲ涵養」という言葉とともに「一層体育ヲ励ミ」という言葉が入っていた。この説明理由には、「将来民族ノ発展ヲ図ルニハ一層女子ノ体育ニ重キヲ置クコトヲ要ス」とある。ここでの「民族ノ発展」と同様の趣旨の言葉は、同会議の議論の中でしばしば見られることに注意したい。女子高等科設置の議論の際、頑強な反対論で提起されたのは、女子高等科設置による女子の婚期の遅れが「我民族ノ繁殖ト云フコトヲ妨ケル」との理由であった。他方、女子高等教育推進の立場に立つ成瀬仁蔵も次のように論じる。「女子ハ国家ノ継続者トシテ又種族的進化ノ貢献者トシテ重大ナル任務ヲ有スル、〔中略〕女子ニハ女子トシテ特殊適切ナル教育ノ必要ナルコトヲ看過スルコトヲ得ヌノデアル」。女子高等教育推進の是非について意見を異にしながら、「民族ノ発展」にかかわる役割の重要性という点では、共通の認識に立っていることが確認される。

以上からみられるように、大戦後の新しい世界情勢が、日本の政府当局者にあらためて国民統合の重要性を強く認識させたことは明らかである。ナショナリティの喚起とともに、生活の場である「家庭」の動員に目が向けられるなかで、女性に求められたのは、「家庭」の主宰者としての役割と民族発展に寄与する母としての役割であった。世紀転換期に打ち出された良妻賢母主義は、むしろこの段階において実質的に確立したといえるだろう。

2　『婦女新聞』の女性像

日露戦争や韓国併合を、日本「帝国」発展の機会としてとらえ積極的な姿勢を見せていた『婦女新聞』は、第一次世界大戦時にもきわめて素早く反応した。一九一四（大正三）年、日本が対独参戦を行いドイツ領南洋諸島及び青島占領を行ったのを受けて、同紙は「海外発展と婦人」という社説(41)を掲げている。社説は、「今日の我が国は、最早東洋の日本でない。真の意味に於ける世界の日本である」と唱えるとともに、積極的な領土拡張論を主張した。同紙の論理は、戦争に不可欠な実力は「人間の数に比例」しており、自然の勢いとして人口増加を続ける日本で、「国民の採るべき道は唯一つ海外発展あるのみである」というものであった。

そこで女性の役割は次のように書かれている。「男子をして此の発展的精神に充たしめ、此の精神を燃えしめ、この勇気を鼓舞して、勇躍奮進その新天地開拓の任務に就かしめるものは、彼等の母、姉、若しくは愛人たる女でなければならぬ」。また、「海外発展の先発隊は戦闘的勇士でなければならぬ。女子には不適当である」とされる。女子は、「先発隊」である男子をしてより戦闘的に活躍させるために、その「男らしさ」を鼓舞する後衛の位置におかれたのである。この主張は、女性自身の海外活動を唱えていたそれ以前の論調とは異なっていることに気がつく。女性はあくまでも、「先発隊」である男子を支える「母、姉、若しくは愛人たる女」でなければならなかった。

その後、さらに拡大・深化の様相を見せる戦争から同紙が導き出した「教訓」は、どのようなものであったのか。まず、「婦人の国民的自覚」が強調されたことを挙げなければならない。「全世界の大戦乱」のこの時にあたり、「個人は姑く国家の前に犠牲になつて、此の国を向上せしめ、この祖国を発展せしむる事に協力一致しなければならぬ。而して欧州の交戦国は皆之を実行して居る。我が日本婦人が、此の際国民的自覚に目ざめずして、どうして此の国を栄えしむる事が出来よう(42)」という。これは、「婦人は昨今漸く個人的自覚を得たけれども、未だ国民的自覚には達しない」との現状認識に立ったものでもあった。先に述べたように、文部・内務省の見解において強調されたのは、女子も国体観念を持つことであったが、それと同様の趣旨を見ることができる。

また、大戦後が視野に入れられるようになるなかで、同紙は新たな女性像をクローズアップさせるようになる。「大国民の母」という女性像である。[43] 大戦中の一九一七年二月、同紙には「戦後の根本的経営――先づ大国民の母を作るを要す」という社説が掲載されている。社説にはすでに戦後の課題が挙げられていたが、それは「人口を成るだけ多くすることと国民の身体を強壮ならしむること、教育を普及すること、愛国心を盛ならしむること、産業を振起すること」などであった。それらは「勝つた国も負けた国も、乃至交戦の仲間に入らなんだ中立国も、一切に力を用ふるに至る」べき課題とされたが、これらの根本にかかわる要が、「第二の国民を生む母」の問題だというのである。「戦後の日本を経営し維持するために大国民が必要であるならば、先づ其の大国民を生み出す母からして作らなければならぬ」と唱えられている。

この時期に「大国民の母」が登場した背景として見過ごせないのは、世界的に進展をみせていた「優種学」（優生学）の影響である。[44] 先の社説には次のような言及がある。

> 近来優種学の研究が進んだ結果、生後の教育の力が思ひの外微弱にして、その有つて生れた種の素質その親から受けた遺伝の力の、案外有力であることが証明せられた。而して、母の腹は単に借り物でなく、父の勢力と同じ割合を以て子に影響するものである事も分明した。

「国家の繁栄」の基礎には「優良な」素質をもった「国民」が必要であり、その「優良な大国民」を作るためには「母」の存在こそが重要だというわけである。

その後『婦女新聞』は、「母性を尊重し、母権を擁護し、母たる地位をして栄光あらしむる」ことを高唱し、国家に対して「母権擁護」を掲げて運動を展開するようになっていく。[45] また大戦後には、「結婚問題」を「社会国家のあらゆる問題の根本たり源泉である」ととらえ、「結婚問題」特集を組むようになる。[46] 「母権擁護」の発想は、平塚らいてうの「母と子どもの権利」の提唱とも軌を一にしている。両者には、国家にウエイトをおく『婦女新聞』と、女性の権利にウエイトをおく平塚との間で確かに相違が認められる。だが、そうした相違にもかかわらず、女性の結婚や母になるということが、優良な子孫を残すことを目的とする優生学の高まりを背景に、従来以上に重視されるようになったという点に注目しておきたい。

このように見るならば、良妻賢母主義とは一線を画し社会的活動を奨励していた『婦女新聞』の論調には、この時期には大きな変化があったと言うことができよう。愛国心をそなえた良妻賢母、とりわけ「大国民の母」という女性像のクローズアップである。その変化を促した背景には、「帝国」発展の人的基盤づくりにかかわるものとしてこの時期に大きな影響力を振るうようになった優生学があった。また、女性像としては、文部・内務省が政策的に奨励する良妻賢母像とも重なるものであったといえよう。

おわりに

本章では、近代日本の規範的女性像が、日本の国民国家形成、「帝国」化と緊密にかかわりながら明確にされていったことに注目して、その経緯を明らかにしてきた。国民国家の担い手としての女性を育成する公教育推進の過程で留意されたのは、欧米の女子高等教育が生み出していた結婚しない女性[47]をアンチモデルとすることである。欧米とは異なる日本女性モデルが、「良妻賢母」なのであり、そこで最重視されたのは女性の結婚であった。こうしたモデル像は、日露戦争を契機に興った「国民の優秀性」についての議論が、家族主義をナショナリティの核とする方向に確定されていく中で、それに対応する形で打ち出されていくこととなる。「良妻賢母」は、日本人の「国民性」を体現した日本女性像としてつくられたといえる。

一方、良妻賢母主義とは一線を画し、家庭の外で活動する女性像を奨励する議論も、日露戦争を契機に高まっていた。この議論においても意識されたのは、未開社会にありがちな男性に従うだけの畏縮した日本女性、という欧米からの眼差しであった。『婦女新聞』で呼びかけられた女性の活動は、主に対外的活動の場面で、その対象は近隣アジアとりわけ韓国であった。未だ因循姑息な慣習に拘束されているアジアの女性に対して、文明国日本を体現し、指導を及ぼすという使命を担う女性像が打ち出されたのである。この使命は、現実に日本の韓国に対する植民地統治が展開するにつれて強まることとなり、また女性の役割も明確なものとなる。その役割とは、「帝国」経営の表舞台を担う男子に対して、現地の人びとの反感を押しとどめ経営の遂行を助けるという役割である。ただし、社会活動の範囲は、女性役割を必要とする「帝国」経営の要請に基き、軍事・政治・経済的な統治の裏面――いわば「飴と鞭」の「飴」を与える役割――に限られていた。

さて、第一次世界大戦は、こうした二様の日本女性像に大きな影響を及ぼすこととなる。世界大戦が、日本において「帝国」拡大の契機として受けとめられたことは確かであろう。だが注目すべきは、大戦終結後においてさらに国民統合の強化や愛国心が叫ばれたことである。内務・文部官僚や『婦女新聞』は、そろって声高に愛国心や国民的自覚を呼びかけた。女性像もまた、そうした国家的要請の下で新たに提起されることとなった。内務官僚は、「家庭」の動員を意図し女性をその中心的担い手と位置づけた。公教育論議の中では、女性に対する愛国心の要請とともに、民族の発展に貢献する母としての役割も求められるようになる。良妻賢母主義は、この段階でさらに強力に打ち出され、とりわけ都市中間層の高学歴女性をとらえていったといえる。

一方、それまで対外的活動を担う女性像を提唱していた『婦女新聞』には、大戦期には「帝国」経営の推進者である男子を支える女性像も見られたが、大戦後に新たに強調されたのは、「大国民の母」としての女性像であった。戦後の各国間の国力増強をめぐる競争が激化する世界をとらえ、最大の課題を人口政策に見た同紙は、国家発展の鍵を握るものとして「大国民の母」を提起したのである。この認識の背景で重視しなければならないのは、国力の基礎となる「優良な民族」を作るための優生学の存在である。優生学については第2章でも触れるが、国力増強の鍵としての人口政策に着眼する『婦女新聞』は、同時代の世界を覆うようになっていた優生学に、日本民族（＝国民）発展の活路を見出したといえよう。大戦後の『婦女新聞』に顕著となっていく「母」の前景化は、まさに優生学的な観点によるものであった。

このように世紀転換期にナショナリティを体現する女性モデルとして打ち出された良妻賢母主義は、第一次世界大戦を契機とする新たな国民統合の段階のなかでさらに鮮明にその姿をあらわし、女性規範として喚起されたのである。そして、その後の優生学の広がりの中で、女性像は「母」に特化していくこととなった。

註

（1）国民国家論の視点で世紀転換期を対象として書かれたものでは、西川長夫・渡辺公夫編『世紀転換期における国際秩序と国民文化の形成』（柏書房、一九九九年）、他民族との差異化により「日本人の自画像」が作られる過程については、小熊英二『単一民族神話の起源――〈日本人〉の自画像の系譜』（新曜社、一九九五年）、小熊英二『〈日本人〉の境界――沖縄・アイヌ・台湾・朝鮮　植民地支配から復帰運動まで』（柏書房、一九九九年）があるが、いずれもジェンダーへの視点は欠けている。この時期を対象とするジェンダー研究についての方法的試論としては、拙稿「統合と差異を問う視点――世紀転換期研究の新たな課題を探る」（『女性史学』第一六号、二〇〇六年）。

（2）深谷昌志『良妻賢母主義の教育』黎明書房、一九六五年（増補版一九九〇年）。永原和子は、良

妻賢母主義の形成を、日本資本主義の発達との関係でとらえる（永原和子「良妻賢母主義教育における『家』と職業」女性史総合研究会編『日本女性史第4巻 近代』東京大学出版会、一九八二年）。

（3）小山静子『良妻賢母という規範』勁草書房、一九九一年。

（4）代表的なものとして、『婦女新聞』を読む会編『『婦女新聞』と女性の近代』不二出版、一九九七年がある。その中で、永原和子「『婦女新聞』にみるアジア観」や石崎昇子「母性保護・優生思想をめぐって」には重なる部分があるが、本章は特に論説に描かれた女性像に注目するという点で両者の論とは観点が異なっている。

（5）『菊池前文相演述 九十九集』大日本図書株式会社、一九〇三年、二〇三頁。

（6）同前、七一～七二頁。

（7）菊池大麓の学生時代については、小山騰『破天荒〈明治留学生〉列伝――大英帝国に学んだ人々』（講談社選書メチエ、一九九九年）に詳しい。同書で小山は、菊池が家族制度の重要性を説いていたことを指摘するとともに、その理由について「菊池は、英国留学中そのキリスト教という思想的なバックボーンとなんらかのかたちで対応せざるを得なかったのではないだろうか」（同書、二三八頁）と論じている。キリスト教世界での留学経験がナショナリティの意識を喚起したことが推察される。

（8）「社説　英国婦人の暴行」『婦女新聞』一九一〇年一二月二日。記事は、女性参政権論者の中の「過激派」による「暴行」事件を伝えたものである。その主張は、「我が国の女子高等教育問題は、英国婦人の参政権運動や過激派の暴行の為めに、何等影響を蒙るべき理由は無い筈」とし、事件が日本で女子高等教育に対する慎重論を生むことを危惧する内容になっている。

（9）下田次郎「女子教育の目的」『婦女新聞』一九〇三年九月七・一四・二一・二八日。
（10）伯爵・大隈重信「今後教育の大主義」『教育時論』第六九六号、一九〇四年八月一五日。
（11）高楠順次郎「日本の家族本位と欧州の個人本位」『新公論』第二一巻五号、一九〇六年五月。
（12）たとえば、緒戦の勝利に際して井上哲次郎は、「今回の日露戦争に於て、我が国の軍隊が斯の如く名誉ある大勝利を得るといふ、其の原因の一の大なるものは此の武士道の精神に外ならぬことと思はれます」と語っている（「時局より見たる武士道」『中央公論』一九〇四年八月）。
（13）板垣退助「我国の家族制度は称揚す可きものに非ず」『新公論』第二一巻九号、一九〇六年九月。
（14）「家族主義の闡明」『教育時論』第七五八号、一九〇六年五月五日。
（15）第二期国定修身教科書において、「家族主義」を基礎とした家族国家観による編纂方針が採られることになった経緯や背景については、三井須美子「家族国家観による「国民道徳」の形成過程（その一）」（『都留文科大学研究紀要』第三二号、一九九〇年）に詳しい。
（16）「女子高等教育に就て」『教育時論』第七六五号、一九〇六年七月一五日。
（17）「ローズベルト氏の家庭演説」『教育時論』第七二二号、一九〇五年五月五日。
（18）大隈前掲（註10）に同じ。
（19）河田嗣郎『婦人問題』隆文館、一九一三（明治四三）年（『近代婦人問題名著選集』第4巻、日本図書センター、一九八二年に復刻版あり）。
（20）すでに日清戦争以後、アジアを引き合いに出しながら日本女性の社会的活動を奨励する議論が日本基督教婦人矯風会で起こっていたことは、早川紀代「帝国意識の生成と展開――日本基督教婦人矯風会の場合」（富坂キリスト教センター編『女性キリスト者と戦争』行路社、二〇〇二年）で指摘されている。また日露戦争期において、愛国婦人会によって女性の軍事援護活動が活発に展開されたことは言うまでもない。

(21)「社説　不婚の婦人」『婦女新聞』第一三四号、一九〇二年一二月一日。
(22)笠峰「良妻賢母主義に就て（下田文学士に問ふ）」『婦女新聞』第一九一号、一九〇四年一月一日。
(23)戸板関子「日本婦人の位置」『女学世界』第五巻四号、一九〇五年四月。
(24)「社説　黄禍説と日本婦人」『婦女新聞』第二一六号、一九〇四年六月二七日。
(25)「社説　黄禍説と日本婦人（承前）」『婦女新聞』第二一七号、一九〇四年七月四日。
(26)「社説　隣国の婦人」『婦女新聞』第一五一号、一九〇三年三月三〇日。
(27)「社説　韓国の女子教育」『婦女新聞』第二三一号、一九〇四年八月一日。
(28)「社説　朝鮮開発と婦人」『婦女新聞』第五三八号、一九一〇年九月九日。
(29)小の字「朝鮮女学生の将来」『婦女新聞　朝鮮附録』第二号、一九一三年二月七日。
(30)「台湾より」『婦女新聞』第一三五号、一九〇二年一二月八日。
(31)高橋浮洋「アイヌ婦人の文身に就て」『婦女新聞』第一八九号、一九〇三年一二月二一日。
(32)泊舟生「未開の婦人（一）」『婦女新聞』第二一五号、一九〇四年六月二〇日。
(33)「朝鮮の婦人」『婦女新聞』第二一一・二一二号、一九〇四年五月二三・三〇日。
(34)「東洋に於いての日本婦人（東洋婦人会における大隈重信伯爵演説の大要）」『婦女新聞』第二一七号、一九〇四年七月四日。
(35)下田歌子「日本婦人の社会的地位」（一）〜（四）『婦女新聞』第五三六〜五三九号、一九一〇年八月二六日〜九月一六日。同論は、『倫敦タイムス日本号』に寄稿したものとされ、欧米読者を意識して書かれたとみられる。
(36)　小山前掲（註3）、一一八頁。
(37)　小山前掲（註3）、一二三～一二四頁。
(38)　海後宗臣編『臨時教育会議の研究』東京大学出版会、一九六〇年。以下、本文で取り上げた臨時教育会議の建議・答申・審議経過に関する史料は、同書によるものである。
(39)　田子一民「欧米を視察して」『斯民』第一四編三号、一九一九年三月。
(40)　田子一民の思想については、拙稿「大正デモクラシー期における『国民』統合と『家』――内務官僚・田子一民の思想に見る」『日本史研究』第三九八号、一九九五年一〇月。
(41)　「社説　海外発展と婦人」（上）（下）『婦女新聞』第七五九・七六〇号、一九一四年一二月四・一一日。
(42)　「社説　婦人の国民的自覚」『婦女新聞』第八七三号、一九一七年二月九日。
(43)　「社説　戦後の根本的経営――先づ大国民の母を作るを要す」『婦女新聞』第八七四号、一九一七年二月一六日。
(44)　『婦女新聞』発行人・福島四郎の優生学・優生運動への積極的なかかわりについては、石崎前掲（註4）論文に詳しい。その後福島は、一九一八年には大日本優生会の付属相談所を婦女新聞社内につくったり、同新聞社主催の結婚問題講演会を開催するなどの活動を展開している。
(45)　「社説　母権を擁護せよ」『婦女新聞』第八八三・八八四号（一九一七年四月二〇・二七日）をはじめ、その後同趣旨の社説は繰り返し登場する。
(46)　『婦女新聞　一千号記念 結婚問題号』一九一九年七月四日。

(47) 生涯結婚しない独身女性は「オールド・ミス」と呼ばれるようになるが、彼女たちがどのように問題視されたかについては、拙稿「近代日本の『オールド・ミス』」(金井淑子編『ファミリー・トラブル』明石書店、二〇〇六年)で論じている。

第2章　性差の科学と良妻賢母主義

はじめに

本章で論じるのは、国民国家の確立過程で提唱されるようになった良妻賢母主義が、同時代の欧米から輸入された「科学」の裏づけを得ることによって、抗しがたい言説となり固定化されていくありさまである。

ジェンダー概念は、「自然」とみなされていた男性／女性という性差を、社会的文化的に構築されたものであるとみなし、社会的な常識となっている性差にまつわる観念が決して固定的でも不変でもないことを明らかにした。だが、近年のジュディス・バトラーが提起する議論は、さらにジェンダーについての視点を研ぎ澄まし、本質的とみなされてきた「セックス」と呼ぶ生物学的な性差の構築性にも向けるものとなっている。バトラーは次のように言う。

そもそも、「セックス」とはいったい何だろうか。それは自然なのか、解剖学上のものなのか、染色体なのか、ホルモンなのか。私たちはそのような「事実」を打ち立てていると称する科学的言説に、フェミニズム批評はどのように対処すればよいのか。〔中略〕セックスの自然な事実のように見えているものは、じつはそれとはべつの政治的、社会的な利害に寄与するために、さまざまな科学的言説によって言説上、作り上げられたものにすぎないのではないか。セックスの不変性に疑問を投げかけるとすれば、おそらく、「セックス」と呼ばれるこの構築物こそ、ジェンダーと同様に、社会的に構築されたものである。(1)（傍点は引用者）

バトラーは、「セックス」という「事実」を「打ち立てて」きた生物学や生理学、解剖学といった「科学的言説」が、実は政治的・社会的な利害のために「作り上げられた」ものであることを暴く。バトラーの提起を受けとめ、性差の境界線を対象化しその構築性を徹底して追究しようとするならば、性差が社会的文化的につくられたことに対する気付き――「ジェンダー」の発見――と同時に、性差をあたかも不変なもの――「セックス」――とみなすために寄与した「科学」にも、追究の矛先を向ける必要があるのではないだろうか。

こうした問題意識に基づき本章で行おうとするのは、日本近代に登場し、今なお「常識」の体裁をとりながら繰り返される性差にまつわる「科学的言説」の論理についての検証であり、特に焦点をあわせるのは、女性に付与される役割や使命に関する言説である。性差にかかわる科学的分析を行う側のまなざしは、一見ニュートラルに見えながら、実際にはマジョリティである男性のものにほかならない。女性は、あくまでも普遍を体現する男性とは異なる特殊な存在として、分析対象の側におかれる。科学のまなざしによる女性の特殊化は、社会的に女性に男性と同等の地位を与えないための根拠となり、その地位を固定化することとなる。だが同時に、女性の側も、そうした言説の単なる受動的な受け手であっただけではない。むしろ積極的に呼応した面があったことにも目を向けていく。

一　性差に関する科学的言説の登場

先進欧米諸国をモデルとして国民国家形成を進めた近代日本で、政府・民間ともに、欧米の科学的知識の導入を精力的に進めたことは言うまでもない。それが一つのピークを迎えたのは、日清・日露戦争期を含む世紀転換期であった。

一九〇五（明治三八）年、ドイツ留学帰りの医学者・富士川游《ゆう》が『人性』という月刊誌を創刊した。富士川は、同誌の刊行の意図について次のように書いている。

『人性』は自然科学上の知識に拠りて人類の社会的生活及び精神的生活を研究する、我邦唯一の学術雑誌なり。其主義は、先づ生活の自然律を明にしたる後、進で歴史的に人類の社会的生活及ひ精神的生活を攻究し、又実際的に人類の発育保続に必要なる条件を調査し、以て人類の社会的生活及ひ精神的生活を向上の途に導かむことを期す。[2]（傍点は引用者）

同誌は「社会的生活及び精神的生活」の研究を目的に掲げたが、その手段としたのが自然科学だったことに注意を向けたい。取り上げられた研究ジャンルは、生物学、心理学、人類学を筆頭に、社会衛生、教育、哲学・宗教、法学など広範囲に及びながら、それらの理論的根拠はあくまでも自然科学なのである。

人間社会を理解するにあたって、自然科学を依りどころとする科学万能の見方は、一九世紀後半の欧米諸国で人々をとらえていた思考でもあった。ヴィクトリア朝時代のイギリスを研究するシンシア・イーグル・ラセットは、この時代について「科学および科学者たちがこれほどの名声を享受した時代はなかった」とし、「社会科学者たちは誕生間もない自分たちの研究のモデルを自然科学に求め、変動する社会の根本に確固として存在する不変の法則の発見に乗り出した」と述べている。[3]『人性』誌は、まさにそうした自然科学を万能視する同時代の欧米の動向に積極的に呼応して、創刊されたものにほかならない。

ここで注意しておきたいのは、同誌の立脚点として「人類」が標榜されていることについてである。同誌刊行趣旨に何度も登場する「人類」という言葉は、一見普遍的存在を表すように見える。

だが、実際にはその分析に際して「人種」・「民族」や「男女」あるいは「児童」といったカテゴリーを伴う分類が施されていた。自然科学的な分析は、人類という普遍を解き明かすもののように見えながら、実はこうした差異のカテゴリーを作り出し固定化していくものでもあったといえる。『人性』でしばしば登場したのは、同時代の欧米の生物学者らによる研究である。次にいくつか取り上げてみよう。一九〇七（明治四〇）年九月には「女子問題」と題する論考が見られるが[4]、そこで紹介されているのは男／女の差異を身体構造から明らかにするドイツ学者の考察であった。男／女の性差の根拠を論ずるなかで、特に「脳の発育」に重点がおかれていることが注目される。次のような議論が展開されていた。「リユーヂンゲル氏ノ研究ニヨリテ明ナルガ如ク、出産後直チニ検スルニ、男女ノ間ニ脳ノ相異アリ」、「マルシヤン氏ノ説ニヨレバ、女子ノ脳ハ十六才及至十八才ニ至リテ発育ヲ了リ、男子ノ脳ハ十九才及至二十才ニ至リテ発育ヲ結了スルモノトス」。このように性差と「脳の発育」の度合いとを関係づける「科学的」知見は、さらに教育における男女の区別へと議論を進めるものとなっていた。

また同誌には、「女子解放ニ関スル生物学上ノ危機」と題するアルベルト・ライブマイルの講演も翻訳されている[5]。まずそこで、ライブマイルは次のように言う。「女子ノ解放ノ問題ハ、単ニ経済上ノ立脚地ノミヨリ之ヲ論ズルコト難キモノニシテ、文明ノ民ノ精神作用ニ接触セル生物学上ノ要素ヲモ加味シテ批判セザルヲ得ズ」（傍点は引用者）。世紀転換期のイギリスを筆頭とする欧米諸国では、女性参政権運動の展開を背景に女性解放論が起こっていたが、彼は生物学者という立場からこの議論に積極的に加わったのである。生物進化における男女の分化から議論を始めるライブマイルが注目したのは、やはり脳の発育の差であった。脳の発達の差は、「脳量」の差だけでなく、男性には「智力」を、女性には「感情」という特質を付与したというのが彼の論理であったが、それは次のような結論へと導かれている。

男女両性間ニハ、智力及ビ感情ノ発達上著シキ差異アルヲ以テ、今、女子ノ解放ヲ説クニ当リ、之ヨリ生ズル分業ノ変化ガ、カカル智力及ビ感情ノ差異ニ及ボス影響ニ考及スルコトハ重要ナルコトナリ。

日本に「科学」として欧米より導入されることになった性差についての知見は、このように脳の発達度合いの差に重きをおくとともに、智力＝男子、感情＝女子という二分法を提示した。注意すべきは、それが「女子ノ解放」論を抑えるための論拠となったことである。

二　女子教育と性差の科学

性差に関わる自然科学の日本での紹介・受容は、女子教育をめぐる問題と密接に関連している。一九〇〇年前後において、女子の高等教育をめぐる問題は、教育学者や官僚の間での一つの大きな争点であった。一八九九（明治三二）年の高等女学校令によって一県一校の女学校設置を規定する制度化が確定し、女子高等教育の本格的な展開を迎えることとなったが、問題となったのは教育方針や内容である。そこで打ち出された公的な女子教育理念が、良妻賢母主義であった。良妻賢母主義がナショナリティにかかわる観念と結びついて喚起されたことについては第1章で論じたが、それを根拠づけ補強したものが「科学」なのである。

『人性』誌では、医学士・竹中成憲が女子高等教育の必要性の有無について論じている。竹中は、医学的立場から「女子ヲシテ六ケ敷キ専門ニ入ラシムルノ必要ナキ」と断定したが、それは次のような理由からであった。「其多数（註――女子）ガ不可能ナルハ医学上其脳髄ノ平均数ガ其量ニ於テ少キヲ見テモ之ヲ知ルベシ、果シテ然ラバ女子ニハ簡短ナル専門ヲ受クルヲ良トス」[6]。女子には「簡短ナル専門」が適当で、専門的な高等教育は必要ないというのである。その根拠として持ち出されたのは、脳についての医学上の知識であった。

良妻賢母主義をリードした教育学者・下田次郎の議論を見てみよう。下田は『女子教育』（一九〇四年）を著し本格的に女子教育を論じているが、その「序」で次のように述べている。「従来我が女子教育に関する言説には、科学的研究的のものが少（ない）」とする下田は、「女子の教育は其心身の研究から始めて、其特色に基いて、帰納的に行はねばならぬ、根拠なき独断、唯の推測から出達してはならぬ」と言う。女子教育の議論のためには、まず女子の心身についての「科学的研究」こそが必要だと説くのである。その立場から書かれた同書は、生理学、解剖学、人類学、心理学等を駆使し、「女子の身体」や「女子の心理」のを詳細に論ずるものとなっている。

下田が同書で特に依拠したのは、性科学（sexology）の創設者として名高いイギリスの心理学者ハヴロック・エリス（Henry Havelock Ellis）の『男性と女性』（*Man and Woman*：1884）であった。下田は、エリスの「男子は其拇指までも男子にして女子は其小趾までも女子である」という言葉を紹介しながら、男女の性差の特徴として次のような点をあげる。「⑴女子は男子よりも早熟なり、⑵女子に於ては発達早く止る（男子ほど発達せぬ）、⑶随つて女子の身体の比例は小人及び子供のそれに近寄る傾きがある」[7]。つまり、発達度を基準とし、女性を子どもに近い存在と見るのである。さらに身体諸機関として臓器・骨盤・頭が詳細に比較検討されるが、脳にはそれほどの差異を見出しておらず、むしろ彼が注目するのは臓器であった。「男子にあつては胸部の臓器が著しく、女子にありては腹部の臓器が著しい」とし、「胃や腸は余程感情と関係のあるものであるから、その発達の著しい女子に於ては、此等の臓器が感情の基となることが男子よりも大である」と、腹部の臓器と感情とを関連づけている[8]。こうした観点から彼は、女子の特性を感情的とする結論を引き出している。

ところで下田は、女子教育で教示されるべき「女子の本分」の筆頭に「婦徳」「良妻」「賢母」をあげているように、典型的な良妻賢母主義論者であった。彼は「女子の本分」として智よりも感情が重要であるとし、教育ではその育成に努めるべきことを強調した。「女子に重んずべきは情であつて、智は之に次ぐものである。智育の為めに情育を犠牲としてはならぬ」と。この理解にもとづき、下田は、次のように性差による教育の区別を強調する。「男らしい女、女らしい男は天下の怪物である、女子教育は女子の教育で男子の教育ではない。女子は何処までも女子でなくてはならぬ」[9]。さらに教育の方法については、「女子は生理上男子よりも早く疲労し、又早く快復するものであるから、男子よりも授業時間を短くして、休憩の度数を多くするの必要がある」[10]、「（女子は）恐怖、心配、虚栄心、嫉妬等が烈しいから、試験の害は一層酷い」ため試験を減らすことなどが提言されている[11]。女子は男子よりも教育を軽減すべきという論は、こうした科学的特質論に基づいて展開されたのである。

近代日本における女子高等教育に対する消極性、あるいは女子教育方針としての良妻賢母主義は、決して在来の女性蔑視観念によるものではない。このように同時代の西欧の自然科学を論拠としながら二〇世紀の初めに生まれたものと見なければならないだろう。

三　「新しい女」論争と生物学

一九一〇年代初めの日本では「新しい女」をめぐる論争が起こった。「新しい女」とは、一九一一（明治四四）年に平塚らいてうが発起人となり結成された女性の文芸団体・青鞜社に集う若い女性たちに名づけられた言葉である。すでに欧米での女性解放運動については知られていたが、「元始、女性は太陽であった」と題する平塚の論考や「山の動く日来る」とうたう与謝野晶子の詩を掲載した『青鞜』の創刊は、日本における女性解放運動の胎動を予感させるものと受けとめられ、良妻賢母主義に反旗を翻すかのような青鞜社員の女性たちの一挙手一投足には好奇心のまなざしが注がれた。一九一一年には『東京朝日新聞』が「新しい女」についての記事を連載し、一九一三（大正二）年には『中央公論』や『太陽』などの総合雑誌がこぞって特集を組むまでに至っている。『中央公論』の「婦人問題」の特集号（一九一三年七月）「巻頭言」は次のように言う。「十九世紀を以て平民崛起の時代とすれば廿世紀は明かに婦人覚醒の時代なるべし」、「正面より其新思想新事実の何物たるかを明かにし、而して之に対する根本的解決法を講ずるを以て最も賢明にして且つ有効なる措置となすべし」。予感される女性たちの運動に先手を打つための「解決法」を考えようというのである。論者たちの多くは、「新しい女」は本格的な覚醒の域に達していないという理解であった。だが、それにもかかわらず、男性知識人たちは当の女性を差し置いて、「婦人問題」についての研究や社会的対処が必要だとして意見を闘わせたのである。

そのなかで、男性知識人や政治家・官僚は、「新しい女」が男女の性差を無視するという点に矛先を向けた。政治家・永井柳太郎は、「吾等は、或新しき女の主張するが如く、男女の能力は無差別であるから、男女は同等であると云ふのではない」、「吾等は男子と女子とは生理的にもまた心理的にも相異なる特質を有することを疑ひ得ない」とし、「『新しき女』が只新しきものを求むるよりも、人情の自然を重んじ、正義なるものを追求せんことを要求したい」と強い口調で述べる。(12) 日本女子大学学長の成瀬仁蔵は、女も男と同様に教育を受けなければならぬとしながらも、「然しながら女は何処までも女である。男の為すべき任務とそこに自ら区別せられたる任務を有する。彼の新しき女の主張が往々にして男女の差別を無視せんとするが如きは思はざるの甚だしきものと言はねばならぬ」と性差による任務の区別の重要性を説いた(13)。

注目すべきは、生理学者や医学者たちが議論に積極的に加わったことである。生理学者・薄井秀一は、「女子の本性は何であるか、男性との区別は何処であるかを科学的に研究したい」と科学者としての自らの立場を述べ、「新らしい女と卵細胞」と題した評論を著した(14)。薄井は、性差の根拠について「男女両性は其生殖器に依つて最も明かに区別される」と断言する。性差を生殖器に特化させてとらえる観点は、脳や身体の大きさ、臓器一般の発達度合いの差に注目するそれまでの性差の議論には見られなかった新たな視点である。薄井はドイツ人学者の説に基づき「女性の根本は卵巣である。卵巣に依つて女性は造られるのだ」としたうえで、次のように言う。「元来主動的活動的なる精虫を有する男子は何処までも其性を維持し、受動的静止的なる卵巣を有する女子は矢張り今に至る迄其性を受け継いで来た」。卵巣の存在を根拠にして、女性の性質を受動的と規定するのである。さらにこの議論は、「男子は社会的活動と其思索的能力とに於て文明に貢献し、女子は其本性に依つて人類の繁殖と進歩の為に努力す可きものである」と、社会的な性役割へと及んでいる。「大自然の与へた女子存在の意義」は生殖にかかわる「分娩と哺乳」とされ、「之を了解しない女子があるならば、それこそ女子たる価値はないのである」と、女子に向けて性役割の絶対性を説くようになる。

『人性』主宰者の富士川游も論争に加わり、「医家より見たる婦人問題」を論じている。(15) 富士川は、「男子と女子との身体に著しい差別があることは言ふまでもない」と説き起こし、「男子は生存競争の難事に其力を尽すことを要するがために智力の発達を必要とし、従て脳髄の発育の盛なるを致せるが、女子は之に反して、雌雄競争上、平衡を持せんがために女子性の二次性徴を著しく発達せしむること、殊に感情生活の発育を著しくすることを必要とした」と述べる。男性＝智力、女性＝感情という二分法がここでも登場する。また、生殖を「女子の任務」とし、それを女子の「存在意義」とまで論ずるのは、先の薄井の論と同様である。「女子の任務は男子と結合して、子供を産出すべきである。これによりて女子がこの世に存在するの意義が明になるのである」と。

さらにそこから、女性解放論を危険視する見方が登場する。「女子が、男子と同じく、智力の進歩を欲するといふことは、身体の上から見て、不相応」で、「婦人解放論の説のやうに、女子にありて、感情生活の発達を制止するといふことは実に危険の次第」というのである。「脳の過労が生殖腺の力を減殺する」傾向が女性に著しく現われるとも指摘し、女子が智力を求めることは、感情の発達を阻害し生殖に支障を来たすとして、次のような論が提起される。

婦人解放論の所論が世に行はれて、女子が感情生活の発達を求むることなく、男子と同じく智力の進歩を欲し、またその子供を産出するの任務を放棄することありとすれば、これは生物学上の規則を破壊するものである。

「生物学上の規則」を根拠とするこうした説明が、「婦人解放」に対する否定的風潮をつくり、良妻賢母主義を後押ししたことは疑いないだろう。

こうした見方によるならば、生殖にかかわる事柄すなわち結婚や出産を忌避するとみられた「新しい女」は、「女子の本性」に背く「男性化する女子」として映る。「新しい女」は、彼女たち自身の行動や主張の範囲を超えて大きな社会問題となったが、論争を通して性差を本質的とみなす「女子の本性」論も広がったといえる。「女子の本性」や「生物学上の規則」といった科学を根拠とする一連の言葉の登場は、「新しい女」や女性解放論を、「自然に反する」という抗し難い論理によって押さえ込むものとなっていく。

四　性差の科学と「新しい女」

女性解放論に対する防波堤となった性差にかかわる科学は、ではいったい、当の「新しい女」たちにどのような影響を与えたのだろうか。「新しい女」の筆頭とみなされ非難や嘲笑の矢面に立った平塚らいてうに目を向けよう。平塚は、「新しい女」論争が高揚していた一九一三（大正二）年当時、自らの立場を『青鞜』誌上で次のように述べていた。

婦人は果して結婚すべきものかということがすでに、すでに久しい疑問なのでございます。種族保存の必要の前に女の全生涯は犠牲にせらるべきものか、生殖事業をほかにして女のなすべき事業はないのであろうか、結婚は婦人にとって唯一絶対の生活の門戸で、妻たり、母たることのみが婦人の天職のすべてであろうか、私どもはもうこんなことを信ずることは出来なくなっております。(16)

結婚や生殖を女の「天職」とする世の見方に対して真っ向から疑問を投げかけていたことがわかる。しかし、その七年後の平塚は、このような「新しい女」時代の自らの主張を全面的に撤回している。(17)平塚は、欧米における初期の婦人運動と『青鞜』創刊当時の運動を振り返り、「過去において有力だった婦人論はいずれも男女の性別を無視しもしくは軽視」してきたと自己批判を行った。性差を無視した考え方は「過去のもの」で、女性という「性」を重視した婦人論へと変わるべきだとするのである。それにともなって運動の課題も変わることとなる。

今や私どもは人間としての自覚から更に進んで女性としての自覚にはいりました。あの個人主義的な婦人論はもはや過去のもの、時代おくれのものとなり、婦人思想界の中心問題は、男女対等、男女同権、機会均等などの問題から、両性問題（恋愛及び結婚の問題）、母性問題、子供問題へと移動しました。

「女性としての自覚」を唱え、恋愛や結婚、母性、子供といった女性固有の特性としての生殖や出産の問題に重心を移そうと言うのである。こうした理解から引き出されるのは、次のような認識である。

婦人の天職はやはり母である。しかし新しき母の仕事はただ子供を産みかつ育てることのみではなく、よき子供を産み、かつよく育てることでなければならぬ。即ち種族の保存継続以上に種族の進化向上を図ることが、生命という最も神聖なる火焔を無始から無終へと運ぶ婦人の人類に対する偉大なる使命であらねばならぬ。

かつて否定したはずの「種族の保存継続」「種族の進化向上」という生物学に由来する議論が、「婦人の天職はやはり母」という言葉と共に彼女自身の口から語られるようになったことには驚かざるを得ない。

この七年の間の変化は何によってもたらされたのだろう。はっきりとわかる平塚の変化は、すでに一九一六（大正五）年にはじまる与謝野晶子との母性保護論争のなかに見られる。論争の発端は、スウェーデンの女性教育家エレン・ケイ（Ellen Key）の評価をめぐる議論からであった。与謝野が「母性中心説」としてエレン・ケイを批判したことに対し、平塚は「母性の主張について与謝野晶子氏に与う」(18)を発表し、ケイを次のように評価した。「過去の婦人問題が——いわゆる旧き女権論者等の主張の中に含まれている婦人問題が『女よ、人たれ』と言うことだとすれば、更に進化し発展した今日の婦人問題は『人たる女よ、真の女たれ』と言うことではないでしょうか」。そしてエレン・ケイこそ、旧来の女権論者に代わり「真の女」を説く「婦人問題のチャンピオン」であるとする。平塚はケイの優れた点として、次のように言う。「種族を重んじ、種族の向上進歩を通じて、遠き未来における人類の完成を夢み、かつ信ずる彼女にとっては、従って、種族としての婦人の重大について神聖な感激さえもって(いる)」。

ケイを最先端の思想家として高く評価する平塚が繰り返すのは、「種族として」「種族の向上進歩」という言葉である。「種族」と女性の関係について、平塚は次のようにも述べている。「ウォードは女性は種族を代表するのみか、種族そのものであると言い、また女性は系統樹の不変な幹であるが、男性はこの女性なる系統樹の枝または接穂に過ぎない。男性の後天的性質はその死と共に消滅するが、女性の後天的性質はその子孫にまで伝えられるとも言っております。およそ種族の見地から見た時ほど男女間の相違が著しく、従って、女たる特徴の明かに現われることはないでありましょう」。女性こそが「種族」存続にとって重要な要であるという理解である。

こうした平塚の「種族」と性差との関係についての考え方が、当時の科学——生物学に裏づけられていたことは明らかだ。「今日の進歩した科学は——生物学は性の起源、その目的を私どもに教えると同時に、種族に対する男女の立場、その能力並びに職分の事実において、それが外面的であろうが、内面的であろうが、決して平等ではないことを、またあり得ないことを示しております」とも述べている。この時期に平塚は、同時代の欧米の科学の受容によって、性差による立場の違いをふまえた「種族」への使命を強く認識するようになっていたのである。

そして、彼女が受容した「今日の進歩した科学」とは、優生学にほかならない。平塚が傾倒したエレン・ケイの母性論自体も、優生学を背景としたものである。日本でも優生学が注目されるようになっていたが、平塚も例外ではなかった。平塚は、その後女性の本分としての母性尊重の立場から、「母」の権利を求めるようになっていく。

五　優生学の時代と「女子の使命」

「新しい女」平塚の認識を大きく変化させたことからも明らかなように、性差にかかわる科学は、「種族の進歩向上」という目的と結びつきながら第一次世界大戦期以降に急激な広がりをみせ、社会に浸透するようになった。また、「新しい女」論争を経て活性化した日本の「婦人問題」研究は、大戦期に一段と進むことになる。

一九一六（大正五）年には、教育・医学・生物学分野の学者、社会事業家、官僚などを広く巻き込んで「婦人問題研究会」が発足し、一九一八（大正七）年一〇月には雑誌『婦人問題』が創刊された。同誌創刊号の巻頭言は、「人類の問題としても、文明の問題としても、社会の問題としても、将たまた国家の問題としても、我が婦人問題の研究は、現在から将来に渉る重要にして且つ興味あるものの一つである」とし、「問題の根柢を究め」ることをうたっていた。この研究会の特徴が、まさに科学としての「婦人問題」の研究であったことは、定期的な講演会や機関誌の内容から見てとれる。

なかでも注目すべきは、「人種改良」「ユーゼニックス（eugenics）」「優種学」と称される優生学の紹介やそれをふまえた論考が大きく掲載されたことである。創刊号で紹介されたのは、ハヴロック・エリスの「大戦と人種改良」（*Eugenics in Relation to the War*）である。この論文は、大戦期に「将来何うして人種の存続を計るべきかといふ事が、各交戦国での問題となった」という背景から、今後重要性を帯びる「優種学」＝優生学について論じたものである。エリスは検討すべき優生学上の問題として以下の三点をあげる。「（一）社会の不適者に対する適者の関係、（二）花柳病の影響、（三）男女問題上の婦人の地位」。なかでもエリスが重視したのは、三点目の「婦人の地位」の問題であった。「無能なる不適者の繁殖を防遏し、能力薄弱なる社会の成員の出産を制限する為め」には、その鍵を握る「婦人の地位」を見直さなければならない、というのである。「従来曾つて今日の如く吾々の性的道徳と社会の習慣を改善し、それに新生命を授けて、婦人をしてその最上の衝動と理想とを自由に実現せしめ、もつて将来の人類を純化し保護するの必要を感じた時代はなかった」とも述べられていた。社会における女性の地位をめぐる問題は、優生学的観点からの性道徳や社会習慣改善論をともなって議論されることとなったのである。優生学的立場に立つ女性の地位の見直しは、まさに大戦期における国民国家の強化という課題と密接に結びつくものであった。

次に、『婦人問題』第二・三号の理学博士・山内繁雄「『ユーゼニックス』に就て」の論文を見ていこう。山内は、「人種改良とか人種改良学」と呼ばれていた「ユーゼニックス」すなわち優生学の成り立ち――一八八四年出版のイギリスの遺伝学者ゴールトン（Francis Galton）の著作に始まる――から説き起し、「人種或は民族改良」を「良き人を造ること」であると定義するとともに、「良き人を造る」ためには遺伝が重要であると論じる。その遺伝に関して、彼が次のように述べている点に注目したい。「人種改良と云ふやうな問題は遺伝が根本的であり、発育と云ふ長い影響を与へる点は、大部分母にあると言つても宜いと考へます」。ここで「母」が登場しており、優生学は「婦人問題」と結びつけられるのである。「人種改良と婦人問題と相関聯して十分の御研究を希望（する）」というのが、山内の主張であった。この「婦人問題」とはすなわち「生殖問題」である。「婦人の問題は沢山ありますけれども、私は生殖問題が一番大切と思ひます。人種改良として婦人問題が最も与かる所が多いと思ひます」、「正面から言へば婦人は健全の子供を産むことが一番肝腎で、婦人の人種改良に貢献する所洪大と思ひます」と論じている。

大戦期の日本における「婦人問題」の浮上は、より強力な国民国家建設という課題を背景とする優生学と結びつき、生殖に特化したものとなったことは明らかである。大戦後における女子教育の議論においても、そうした傾向が見られる。戦後教育体制の刷新のために開かれた臨時教育会議において、政府の諮問の一つに「女子教育ニ関スル件」があったが、それへの答申の中に次のような言葉があった。「女子ハ特殊ノ生理状態ニ在ルモノナルヲ以テ、其ノ教育上亦男子ヨリモ格段ナル注意ヲ必要トシ、学校ノ課業等ニ於テ十分此等ノ関係ヲ考慮スルヲ要ス」[19]。「特殊ノ生理状態」を前提として、女子教育のあり方を考える必要があるとするのである。

会議での議論を見てみよう。教育家・山川健次郎委員は、女子教育の検討は女子の身体についての「科学」的研究をふまえるべきであると次のように唱えている。「女子ト云フモノハ弱イモノデアル」という「科学」的研究をふまえない対応は、「実ニ危険千万ナコト」で、「斯ノ如キコトハ一方ニハ女子ノ死亡率ヲ高メ、一方ニハ結婚ノ期ヲ晩クスルト云フヤウナ、我民族ニ取ツテ甚ダ不利益ナコトヲ起スノデアリマス[20]」と。女子の身体や教育の問題が、「我民族」存続の視点から発想されるのである。

教育学者・成瀬仁蔵委員が提言するのは、「性ト云フコトヲ重ン」じ「性ニ就テノ知識」をふまえた女子教育論である。成瀬は、「共学デアッテモ、又別々ノ学校デアッテモ『セツキス《ママ》』性ト云フコトヲ眼中ニ置カズ、此性ニ応ジテ教育スルト云フコトヲ忘レルト言フコトハ非常ナ弊害ニ陥ル」と、性差を無視した教育を批判したうえで、教育が示すべき「女子ノ任務」について次のように述べる。「女子ニハ国家ノ後継者トシテ又種族的進化ノ貢献者トシテ重大ナル任務ヲ有スルコト、此任務ハ母トシテ家庭ニ於テ遂行スベク、而モ同時ニ其任務ノ遂行ガ女子自身ノ最上ノ進歩最高ノ幸福デアルコトヲ信ズル[21]（傍点は引用者）」。「国家ノ後継者」「種族的進化ノ貢献者」という観点が加わったことで、性差による区別はさらに強調され、従来の良妻賢母主義は、国家＝民族の存続・発展という観点とともに「母」の任務に特化した形で強化されたといえよう。

一九二〇年代の女子教育論では、こうした性的特性を強調する発想が前提とされていく。代表的な議論として、当時の教育学の第一人者・小原（鰺坂）国芳の『婦人問題と教育』（一九二〇年）をあげよう。[22]「婦人解放とは何ぞ」と説き起こす小原は、「男子は男子としての本領を、女子は女子として」「本領」を発揮することが重要で、「決してその性別や、それより生ずる一切の差別を無視して、男女が同一水平線に立ちて互に敵視し競争するのをいふのではない」と「婦人解放」論を真っ向から否定する。小原は、ハヴロック・エリスの「性的啓蒙思潮」という言葉を借りながら性差の科学について説き、現代を「性は人類進化の不可欠の要素であつて、性的生活の道徳的意義が大に認められ」た時代ととらえる。

さらに小原は、「進化論」をふまえて重視すべき性差について列挙する。「男性の女性よりも活動的であること、変化に富むことや身長高く、勇敢にして強き力あること。運動の速度、疲労に耐ゆる力の大なること。骨格の大なること」、「女子が男子よりも感情的」、「男子は、その思惟の仕方は女子よりも抽象的で一般的で推理に依て結論を作る」。ここから、「日々の細かな家庭生活の整理には婦人が適する。各部の首長には男子が適任であつて、女子は細目を取扱ふに妙である」という性別分業論が提起され、女子には「生殖的使命と文化的使命」があると結論づけられる。「生殖的使命」は出産・育児で、「文化的使命」とは「家事内助」である。女子教育の目的は、これら「女子の使命」を身につけることに尽きるとされた。この使命論は、「種の永続を図る本能に由来」する

「生物学上の男女分業」に基くものとされ、「使命を捨てることは他の犯罪と同様に無論罪悪でなければならぬ」という断罪にまで至るのである。

おわりに

世紀転換期を起点として、科学を背景としながら、性差を本質的なものとみなし「女性の本性」や「女性の使命」を抗いがたいものとする言説が広まっていくことを見てきた。

あらためて確認したいのは、欧米由来の自然科学が、国民国家の要請する性役割や性規範を補強するものとなっていった過程である。まず、欧米から輸入された科学は、脳や身体の発達の度合いをはかるなかで、女性を男性よりも発達度合いにおいて子どもに近いととらえ、また男性に比べて智力で遅れをとる反面感情が発達するという特質を与えた。この論理は、二〇世紀初頭の日本で女子の高等教育を男子と同等とせずに低い程度に押しとどめる論理や、良妻賢母主義を裏打ちする論理となった。

また、一九一〇年代の初めに起こった「新しい女」の登場をめぐる論争には、生物学や医学などの科学者が積極的に参加した。「科学的知見」による性差特質論をふまえて女性解放論の是非を考えることを提唱する彼らが出した結論は、生殖は女性の存在意義にかかわるもので、それを了解しない女性や女権論・女性解放論は「生物学上の規則を破壊」するというものであった。「新しい女」

が、同時代の欧米で展開される女性解放運動の胎動を想起させ日本の良妻賢母主義を危うくするかにみられるなかで、こうした「科学」者の論理は、そうした運動を事前に退ける有力な論理となったといえよう。

このように性差に基づく社会的任務の区別を強調し、女性の役割を生殖に特化させていく傾向は、第一次世界大戦期以降さらに強まっていく。この時期に新たに登場する論理として、「種族の進化向上」がある。国民国家間の生き残りが賭けられた世界大戦のなかで、「種族の存続」「種族の進化向上」という課題は肥大化し、「人種改良」は国家にとって必須テーマとなった。その課題の遂行において科学は欠かせない。優生学の時代の到来である。そして、この「種族の進化向上」という至上命題の浮上は、「女性の使命」としての生殖の重要性をさらに高めたのである。種族＝民族の維持とともに健康でよい子を産む母には、国家的な強い期待を込めたまなざしが注がれることになる。こうした風潮の中で、「新しい女」と呼ばれた平塚らいてうは、むしろその論理を積極的に受容し、母の権利を唱えるようになっていったといえよう。

さて、今日の日本社会においても、人の特性を性差にまつわる先入観によって判断する傾向は続いている。また、「種族の存続」「種族の進化向上」の要請も、決して弱まることはない。だが、「種族の進化向上」を目的とした優生学が何をもたらしたのか。使命の強制や特定の「種族」を絶対視する呼びかけの裏面で生存が否定される者に想像力を働かせるならば、そうした企図の孕む暴力性は明らかだろう。個々の生の尊重に立つならば、「種族の進化向上」を絶対視する科学のもとで私たち自身がとらわれてきた観念を問うていくことが必要ではないだろうか。

註

（1）ジュディス・バトラー『ジェンダー・トラブル――フェミニズムとアイデンティティの攪乱』竹村和子訳、青土社、一九九九年、二八～二九頁（Judis Butler, *Gender Trouble : Feminism and the Subversion of Identity*, 1990）.
（2）富士川游「本誌の主意」『人性』第一巻一号、一九一〇年九月。
（3）シンシア・イーグル・ラセット『女性を捏造した男たち――ヴィクトリア時代の性差の科学』上野直子訳、富山太佳夫解題、工作舎、一九九四年、〇一四頁（Cynthia Eagle Russett, *Sexual Science : The Victorian Consrtuction of womanhood*, 1989, Reprint edition 1991）.
（4）『人性』第三巻九号、一九〇七年九月。
（5）『人性』第三巻一〇・一一号、一九〇七年十・十一月。
（6）竹中成憲「女子ノ職業」『人性』第一巻九号、一九〇五年十二月。
（7）下田次郎『女子教育』金港堂書籍株式会社、一九〇四年、一八頁。
（8）同前、二四頁。
（9）同前、一八九頁。
（10）同前、二五九頁。
（11）同前、二六一頁。
（12）永井柳太郎「『新しき女』を論ず」『中央公論　臨時増刊　婦人問題号』一九一三年七月。

(13) 成瀬仁蔵「人、女、国民としての教育」同右。
(14) 薄井秀一「新らしい女と卵細胞」『中央公論』一九一三年五月。
(15)『中央公論　臨時増刊　婦人問題号』一九一三年七月。
(16) 平塚らいてう「世の婦人たちに」『青鞜』第三巻四号、一九一三年四月。
(17) 平塚らいてう「社会改造に対する婦人の使命」『女性同盟』第一号、一九二〇年一〇月。
(18)『文学世界』一九一六年五月。
(19) 海後宗臣編『臨時教育会議の研究』東京大学出版会、一九六〇年、七三九頁。
(20) 同前、七五五頁。
(21) 同前、七五八〜七五九頁。
(22) 小原国芳『婦人問題と教育』集成社、一九二〇年。

第3章　「青年」の主体的構築

はじめに

「青年」とは、近代という時代に一〇歳代後半から二〇歳代前半にかけての年齢の男子に与えられた呼び名である。本章では、この「青年」という呼び名が国民国家の要請と深いかかわりをもって使われ流布されていく経緯と、国民統合の画期である日露戦争期以後の地方社会における「青年」の登場について論じる。

近代社会における「青年」をテーマとした研究は少なくない。とりわけドイツ近代史では分厚い研究蓄積がある。ドイツ史研究者の田村栄子は、ドイツにおける「青年」研究の持続的な活況状況について、「青年反抗が穏やかで非政治的であるためにアカデミックな研究意識のなかに入り込み難いイギリスや六〇年代後半の『青年反抗』を契機に青年研究が開始されたアメリカ合衆国とは対照的」と指摘し、ドイツ近現代史を理解するうえで、社会的文化的現象としての青年運動・世代紛争は欠かせないと述べる[1]。川手圭一は、一八九〇年代のドイツでヴァンダーフォーゲル運動や教育学者・社会改良家によって、「青年世代」が「発見」され、そこで「我らとともに新しい時代が始まる」という言葉に示されるような「青年神話」が生まれたことを指摘している[2]。

日本近代史では、木村直恵の研究[3]があげられよう。木村が注目したのは、自由民権期における新しい政治的実践主体としての「青年」である。ただし、その「『青年』的実践」は、「若者たちの非政治化という結果を後に残しながら、明治二〇年代の中頃にかけて緩やかに退潮していく[4]」と、ごく限られた時期に表れたとする見方をとっている。

だが、日露戦後の地方改良運動の過程で、行政の後押しを受けて青年団が各地で叢生し、町や村の中で「青年」の役割が重視されていく状況を視野に入れるならば、実際に「青年」という言葉が国家的な文脈で鼓舞され、社会的影響力を強めていくのは日露戦争後とみたほうがよいと考える。青年団に関しては、その広がりに注目して二〇世紀日本を「青年の世紀」と称する多仁照廣[5]や、青年団運動指導者に注目し「地方農村青年の自己形成」という観点から評価をする岡田洋司の研究[6]はあるものの、大多数の研究では、青年団を青年層の天皇制的国家体制への「囲い込み」と位置づけ「『青年』的実践」や「青年運動」とは区別されている[7]。そうした青年団研究は、本来の青年や「青年運動」は体制変革を行う担い手であり実践者となるはずだという前提に立っているといえるが、そこに「青年神話」を相対化する視点は見られない。

だがここでは、そのような「青年」に込められる暗黙の期待を否定するところからはじめたい。

構築主義的立場に立って問題とするのは、「青年」なる存在がどのようにつくり出されたのか、「青年」という呼び名はどのように人びとを鼓舞することとなり、主体形成を促したのか、ということである。社会的主体が登場する際には、その結集の核となるアイデンティティとして何等かのカテゴリーを身につける必要があるが、「青年」カテゴリーは、まさにその意味で重要な役割を果たすことになったといえるだろう。日露戦後より始まる「大正デモクラシー」の時代は、「青年党」運動、農村青年運動など、運動主体として「青年」が台頭する事例に事欠かない。本章で提起する日露戦後における「青年」の構築への着眼は、その後の「青年」運動の展開を理解するうえでの前提ともなるものである。

こうした日本における「青年」の氾濫現象には、ドイツ近代史研究で提示された「青年神話」や「青年運動」と共通する状況が見てとれる。その意味で、「青年」という呼び名は、一国史の範囲にとどまらず、世紀転換期以後の世界各地――とりわけ後発的に近代化を遂げようとする国民国家――で、必要とされ活用されたカテゴリーととらえることができるのではないか。国民国家の確立にあたって旧体制の変革を急務とした日本において、「青年」は、その新しい課題を先頭に立って担う者として指名された存在にほかならない。なお、「青年」は男性ジェンダーを示しており、マスキュリニティを伴うものである。「青年」が指名に応じて立ち上がるなかで、排除される者や他者が生み出されていくという過程も見落とすことはできない。

一　「新日本之青年」から「田舎青年」へ

まず、「『青年』の誕生」の時代と表される明治二〇年前後に鼓舞された「青年」像を見ておこう。『国民之友』を一八八七年に創刊した徳富蘇峰は、一九八五（明治一八）年に『第十九世紀日本ノ青年及其教育』を著し論壇での注目を集めた後、八七年に著書『新日本之青年』を刊行した(8)。蘇峰が期待した「新日本之青年」とは、「青年ハ社会運動ノ旗頭ニ立ツモノナリ」と断言するように、社会改革の推進者にほかならなかった。明治維新後に「冷笑的」「批評的」な社会風潮が広がったことを危惧する蘇峰は、そうした「冷笑社会」を「誠実重厚ナル純白ノ平民社会」に改革する役割を、「青年」に託したのである。

では、具体的に「青年」とはどのような者を指すのか。蘇峰は次のように「明治ノ青年」に呼びかける。「明治ノ青年ヨ、若シ生活ヲ做サント欲セハ願クハ泰西自活的ノ人トナレ」、「諸君ハ第十九世紀文明ノ世界ニ立ツ、不羈独立ナル青年ナルヲ忘ル可ラズ」。ここで浮かび上がるのは、「泰西自活的ノ人」、「第十九世紀文明ノ世界ニ立ツ、不羈独立ナル青年」という言葉に表されるように、西洋文明をバックボーンとする独立した個人である。当時の蘇峰が想定したのは、西洋近代文明を体現する知識階級を目指し社会改革の担い手を自覚する若者の姿であったといえる(9)。

一方、日清戦争を経た後にモデルとして登場する「青年」像は、こうした蘇峰の描く「青年」とは対照的なものとなる。青年団運動の提唱者となる山本瀧之助は、一八九六（明治二九）年に『田舎青年』を刊行し「青年」の実践を呼びかけた。[10] 山本は、呼びかけの対象となる「田舎青年」を次のように定義する。

所謂田舎青年とは路傍に棄てられたる青年にして、更に之を云へば田舎に住める、学校の肩書なく、卒業証書なき青年なり、学生書生にあらざる青年なり、全国青年の大部を占めながら、今や殆ど度外に視られ、論外に釈かれたる青年なり。

「田舎青年」とは、地方に住む学歴を持たない多くの若者を表しており、都会の高学歴の「学生書生」とは対置される存在であった。先に蘇峰が描いたような、欧米の思想を身につけ文明紳士然として社会改革の旗手となる「青年」像とは、大きく異なっていることが明らかであろう。では、それら多数の「青年の青年たる所以」はどこにあるか。山本は次のように言う。「抑《そもそ》も青年の青年たる所以のものは心にありて形にあらず、区々たる学術技芸にあらずして、精神気象に在り、青年の国家に貴重せらるる所以のものは、其有する所の精神気象、国家の活動進歩に欠くべからざるが故にして、青年の真味青年の真価は一に繋りてここに存するなり」。「学術技芸」に対峙される「精神気象」が、「国家の活動進歩」に不可欠であるという理由で価値づけられるのである。だが、現実の「田舎青年」の「精神気象」は、山本の理想から大きくかけはなれていたことは、以下の文章からもわかる。

当今田舎青年の大方は先づ第一に国家なる観念を欠きて、自己の地位職責なるものを弁へず、心に思ふ所のもの総て卑近にして、身に行ふ所のもの概ね浅膚なり。唯小成に安んじて遠大高尚の目的、活発進為の気象なく、滔々相率いて奢侈柔弱に陥り、放恣怠慢に流れ、容貌の美を衒ふこと一七八の娘の如くなるも、動作の不活発にして煮へ立たざること七十八十の隠居の如く、何事も因循姑息にして眼前の境遇に酔生夢死するは、之を酷言すれば蚰蜒《ゆうえん》の如く、芋虫の如く〔後略〕。

理想の「青年」との対比のうえで問題とされるのは、国家観念の欠如であり、「奢侈柔弱」「放恣怠慢」や「動作の不活発」「因循姑息」であった。さらに、こうした性質が否定される際に、それらを「娘」や「隠居」がもつ特質と結びつける言説が出ている点にも注意したい。「青年」は国家と一体化した存在であることが前提とされるとともに、そこには、女性や老人に対する明らかな優越性が見てとれる。国家の担い手という立場に立つ「青年」の備えるべき素質は、女性や老人とは対照的なものでなければならなかったのである。その特質とは「質素」「剛健」に尽きている。「質素は自ら精神の剛健を促し、進新の気象を惹き起すものにして、奢侈は全く之に正反するものなればなり」とされる。

日清戦争を背景として、国民国家の下支えとなる地方とその担い手としての「青年」の形成が意識化されるなかで登場したこの「田舎青年」は、その後青年団構想のベースとなる「青年」の原型でもあり、そのモデルとなっていく。

二　日露戦後経営下の「青年」とマスキュリニティ

日露戦争を契機として日本の国民国家建設は新段階に入ったといえるが、そこで「国民組織化の焦点」が「農村青年層」に向けられたことについては、鹿野政直が指摘している。[11] だが、ここで注目したいのは、青年期と規定される年齢層の若者を対象に国民統合政策が進められた経緯ではない。まさにこの時期に、国家が「青年」というカテゴリーに新たな意味を付与していく経緯やその内容であり、さらにそれに呼応して地域で「青年」アイデンティティを備えた主体が登場する過程についてである。

まず、日露戦争期の論調をあげよう。一九〇四（明治三七）年の日露戦争開始後、教育学者の湯本武比古が主幹を務める『教育時論』誌には、「青年は健在なりや」と題する論説が掲載された。その論説は次のように「青年」への強い期待を表明する。「誠に壮年は完成に適し、老年は守成に適し、而して青年は実に開拓の使命を負へる也。茲《ここ》に於て吾等は問はんとす、曰く青年は在りや」、「日露開戦は新機運到来の暁鐘なり、問題は何れの方面にも発見せられんとす、而して壮年の理論に飽ける帝国は、今や青年の一大奮進を希望しつつあるに非ずや」[12]。「完成」「守成」に徹する「壮年」「老年」に代わって、「開拓の使命」を負う存在としてクローズアップされるのが「青年」という存在なのである。だが、「青年は在りや」との問いかけに明らかなように、問題はそうした「青年」の姿が日本国内に見あたらないことにあった。これは、「青年」の育成を教育課題として唱えたものといえる。

一九〇五（明治三八）年の内務・文部両省の「青年団体」奨励の通牒にはじまる青年団組織化の目的は、この「開拓の使命」を負う「青年」なる存在を作り出すことにあったといってよい。一九〇八（同四一）年の『戊申詔書』発布を契機とする地方改良運動下で本格化した青年団設立の動きは、一〇年前後にピークを迎えたとされる。当時の小松原英太郎文相は、「青年団体は一国活力の源泉であつて、又一国道義の中枢となるべきもの」であるとし、「青年団体」に託した国家的期待を次のように述べる。

青年団体なるものが、各地方に起つて参つて、何れも風紀の改善と保持とを、其主なる目的の一つと致して居る。〔中略〕青年団体が中枢となつて、地方の道義が振つて参るならば、茲《ここ》に始めて一国の道義も、築き上げられるのでありませう。[13]

国家が「青年団体」に求めた役割は、「道義」の担い手として地方の秩序維持に寄与することなのであった。

では、その「道義」とはどのようなものだったのだろうか。小松原文相の言葉を見ておきたい。まず推奨されるのは、「内に剛健不屈の気宇を包みて、然も能く己を持すること恭倹に、其学ぶ所に忠実にして倦怠せず、卑屈なる依頼心を芟《さん》除して、自己の習得したる智識経験を基礎とし、自信自重、独力を以て自己の運命を開拓せんとする勇気を養ふ」という性質や態度である。また、その反面で問題とされたのは、「近来社会の風漸く浮華軽佻に流れ、学校生徒の意気も亦消沈せんとし」という状況であった。「せん弱不健全なる小説雑誌、其他劣情を誘発するが如き読物が、青年の志気を軟弱に導き、遊惰に陥らしめ、軈《やが》て一身を挙げて腐敗の淵に沈淪するに至るらしむるは、青年教育の上に於て最も恐るべきことに属す」とも述べられている。(14)「青年」が備えるべき「剛健不屈」提唱の反面で、「浮華軽佻」「意気消沈」「軟弱」「依頼心」「遊惰」が、排撃されるべき傾向としてあげつらわれるのである。

「青年」に必須とされる「剛健不屈」などの性質を、「男らしい」ものとしてマスキュリニティと結びつける言説は、当時の雑誌メディアにも登場した。日露戦後の『中学世界』誌を見ると、マスキュリニティを鼓舞する言説があふれている。誌上で教育者の嘉悦孝子は、日露戦後経営を念頭において「理想の男子」像を説く。「日本の戦後経営の大基本は、此男らしい男を造るべき教育方針が必要」とし、「青年諸君はどこどこまでも男らしい男として世に立つの大なる覚悟と元気とを有して居なければなりますまい。精力旺盛の人となつて、如何なる劇烈なる競争場裏に於いても充分に堪へ、充分に打ち勝つの人とならなければなりますまい」（傍点は引用者）と呼びかける。[15]「劇烈なる競争」を勝ち抜くことのできる人材を「男らしい男」と称えるのである。同誌の巻頭言を受持つ評論家の大町桂月は、「生を男性にうけたるもの、請ふ静慮して、男性の男性たる所以を悟れ。女のくさつたやうな人となる莫《なか》れ」と断じ、「勇ましく社会に雄飛せよ」と鼓舞する。[16] このような言説は、「男らしさ」に優位性を与える一方で、それと対照的な「意気消沈」「浮華軽佻」「軟弱」等々の傾向や性質を、老人や女性に属するとし、嫌悪することにもつながっていくと考えられる。「浮華軽佻」「意気消沈」への誡めは、日露戦後期の地方改良運動の展開過程において盛んに登場する言説でもあるが、「道義」の体現者たる「青年」のそのような傾向はとりわけ問題視された。

問題とされたのは、態度やスタイルだけではない。セクシュアリティにも目が向けられる。一九〇六（明治三九）年に文部大臣の牧野伸顕は、学生風紀振粛の訓令を出したが、それは「青年学生風紀紊乱」[17] が教育問題として大きく取りざたされ、男女交際のあり方が問題とされるようになった中でであった。また、男子学生間の「男色」が、社会的に取り上げられ問題視されたのもこの時期である。「学生の暗面に蟠《わだかま》れる男色の一大悪風を痛罵す」という文章を著した河岡潮風は「学生界の意気消沈は文部当局も心配している様であるが、最大原因はセルフアビユーズと男色である」と断定する。[18] 自慰と男色とが男子学生の「意気消沈」をもたらしたとし、それらの排撃に乗り出そうというのである。「青年」にふさわしいセクシュアリティ規範は、こうした議論のなかで作られていくこととなる。

このように、日露戦後経営という国家的課題と連動して浮上した「青年」カテゴリーは、国家的「道義」の保持という目的の下で、性質や態度のみならずジェンダー・セクシュアリティ規範をともなって構築されたといえる。

三　地方における「青年」の主体的構築

日露戦争を契機に高まりを見せた国家レベルでの「青年」待望論は、それに呼応する側の動向抜きに語れない。ここでは、同時期の地方で、「青年」を自認し行動を起こしはじめた中学生たちの姿を通して、彼らがどのように呼応し「青年」アイデンティティを作りあげていったのか、見ていくこととする。

取り上げるのは、一九〇三（明治三六）年に埼玉県立川越中学校（入間郡川越町）で生まれ「同志会」と名づけられた自主的な学生団体である。同志会の会員は在校生・卒業生であり、発足時は三〇名ほどであった会員数は、一九一〇（同四三）年には一〇〇名を超えている。会では、会誌の発行をはじめ遠足や兎狩り、討論会、庭球や弓術などのスポーツ、絵画展覧会、図書館開設などの活動が行われたという[19]。さらに同志会は、大正期には政治団体「公友会」を誕生させるという展開を遂げ、設立者であり数期にわたって会長を務めた安部立郎《あんべたつろう》は市会議員への当選を果たした。公友会が、既存の名望家支配秩序に代わる新しい地域振興の担い手を標榜して地方政治の中枢に進出していく過程については、かつて「大正デモクラシー状況」という観点から拙稿[20]で検証を行った。同志会はその起点となるものであるが、ここでは、「青年」という主体観念が結集の軸となった点に注目し、再検証していきたい。

同志会の初期の様子については、以下のように回顧されている。「時、恰《あたか》も日露戦端開け、国民一般の発奮は青年学生も亦一種の緊張を感ぜざるを得ず。士気の壮烈なり和し所以なり」[21]。日露戦争開始の中での高揚感が、「青年学生」の結束をもたらしたとされる。会の柱となったのは、会員である在校生や卒業生の寄稿によって編まれた『初雁《はつかり》』（『同志会々報』、『ハッカリ』と題した号もあり）という会誌である。ここでは会の基礎が「大成」したとされる一九〇七（明治四〇）年以降のものを取り上げながら、誌上に登場する「青年」という呼びかけに焦点をあわせ、そこに込められた意味をとらえていきたい。

まず、同志会結成の目的・趣旨を確認しよう。一九〇八（明治四一）年の会誌には、会長・安部立郎（碧洋）の「同志会ノ本領」と題する文章が掲載されている。そこでは「人格ノ修養」と「積極的善行ニ於ケル共同一致」が「会ノ本領」として掲げられ、「善行ヲ果シテ一団体ノ風紀ヲ振興シ延テハ国家社会ノ風紀ヲ改善スルノガ結局ノ目的デアル」とうたわれていた。[22]「国家社会ノ風紀ヲ改善」という言葉が示すように、まさに、当時の文部省が奨励していた青年団体設立の意図を汲んでいたことが見てとれる。

誌上を占める文章の多くは、「青年」「学生」のあるべき姿や行いについて訴える内容のものである。「世界的日本」号と題された『ハツカリ』第八号[23]の巻頭に載った、同志会主任を名乗る五年生の佐野徳次郎の「青年諸君に訴える」は、その代表ともいえる。

青年は青年らしくすべく、学生は学生らしくすべきは最も望ましき事なり。徒らに、今日社会の作為紳士淑女をまね気取る可からず、漫《みだ》りに、物知り顔すべからず、豪傑がるも不可なり。宜しく学業に忠実にして、品行を慎しむ可きなり。道徳心の薄きは、我国に於ける著しき短所なり。殊に、学生に此の精神なきは最も忌む可く、醜きものなりとす。

訴えの趣旨は、「青年」「学生」の特性をわきまえ道徳を身につけるべしという呼びかけである。では、その特性とは何か。「青年の本性、即ち軽快、単純、真摯、敢為の気風」とされ、対照的に「老物階級の気習を学ぶが如きは余輩の取らざる所なり」と断ずる。ここでもステレオタイプ化された「青年」の性質と、老人との対比というパターンが表れている。

興味深いのは、その具体像についてである。「学生が豪傑を慕ひて其風を学ぶは最も頼もしき事なれど、殊更強て自己を豪傑がつて態々奇風を装ふは愚も亦甚しからずや。媚嫵善柔、婦人に倣ふ柔弱の輩と、何が撰ばんや。〔中略〕第一、ハイカラがる可からず、第二、豪傑がるべからず、第三、不整頓なる可からず」と説かれる。ここで、女性的な「柔弱」につらなる「ハイカラ」と、バンカラや粗野の風を表す「豪傑」がともに否定の対象とされていることが目を引く。同じ号にはほかにも、これと同様の趣旨の文章が見られる。

　学生中には自己の不真面目の結果、学校の課業は五里霧中となり、是れより快楽を得る能はずして自然他にこれを求め、或はハイカラを気取り、進む《ママ》では放埒粗野に趨《はし》り優柔不断に陥り、遂に道義の軌範を脱し罪悪の深淵に浮沈するに至るものあり。〔中略〕かかる輩にして他日国家の干城となり得べきか、会員以て如何となす。[24]

「豪傑」の否定という点は、かつて壮士に対抗して登場した明治二〇年代の「青年」とも共通するものであるとともに、「奢侈」「軟弱」につながる「ハイカラ」を排する点では、日清戦争後の「田舎青年」像の反映を見ることができよう。[25]「軽快、単純、真摯、敢為の気風」をそなえ道徳的な存在たるべき「青年」が、こうして具体化されているのである。

「青年」のあり方についての訴えとともに、「意気」「元気」という言葉が頻出することも目を引く。在校時に同志会を発起し卒業後も指導的立場にあった安部立郎は、一九〇八年の文章で「青年須ラク意気ナカルヘカラズ」と在校生を鼓舞する。また一方で、「世ノ教育家タルモノ青年元気カ一国ノ盛衰ニ関スル所以ヲ解セバ、真ニ青年ノ意気ヲ激発シテ可ナラズヤ」と述べ、教育家を相手に「青年元気」の意義をも説いた。[26]一九一〇（明治四三）年第九号の「青年の元気」と題する文章は、「青年の元気」を「社会の原動力なり」と位置づけ、「社会の盛衰興廃は一に青年に胚胎せずんばあるべからず」と唱え、次のように教育の目的について提言する。

教育の目的は天性を開発するが為なり。一個の男子を作らんが為めなり。青年の長所は元気に存す。粗暴を抑へんとして其特徴を消失せしむるは、之れ正しく角を矯めんとして牛を殺すの類に非ずや。柔順なれば卑屈となり、文弱となり、無気力となり。薄志弱行とならんとす。〔中略〕而して吾人は前途に一層大いなる杞憂を抱くものなり。時勢に鑑みて、有為の青年の為めに、否自らの為めに、社会の為め、国家の為めに、ここに一言を費す所以なり。(27)

「一個の男子」を作ることが教育の目的とされ、「元気」が盛んに喚起されるのである。

このような「青年の元気」の奨励は、「青年」としての優越性や使命感の自覚ともあいまって、権威的な教育指導者への抵抗・抗議を生んだことにも注意したい。一九〇九（明治四二）年八月に起こった川越中学校での現校長排斥事件がそれである。『教育時論』でも「川越中学卒業生の不穏」として報じられたその事件は、中学校同窓会の席上で、同志会会長の安部立郎ほか八名が「突如校長排斥問題を提出し、面前にある校長に喰つて掛り、今日限り川越中学校を退去せよと迫り」、結局「一ヶ月の猶予を与ふるとかに処決を宣告したる」ことで決着する、という激しいものであった。

「排斥側の主張」は一三項目にわたった。（一）現川越中学校長の修身講話は全部無駄話なり。（二）教育の方針、智育にのみ走る。（三）体育各部分の取扱偏頗なり、現校長は武士道を鼓吹し剣柔道を奨励するも野球、庭球等の運動は採らず。(四)教育が形式主義なり。(五)圧制的威喝的教育なり。(六)圧政的威喝に何等の主義なきこと。(七)生徒に対し公平を欠く。(八)校長は偏屈にして公平ならず。(九)教師の取扱不当。(十)他人の秘密を漏らす校長なり。(十一)公私顚倒せり。(十二)教授に拘泥して総括の手腕なし。(十三)人の上に立つ度量徳望なし。[28] 排斥の直接のきっかけは明確ではないが、これを見るならば、排斥側の安部らの不満の内容は、校長が進めていた教育が、学生の要望や意志を無視して圧制的で公平性を欠くという点にあったといえる。同志会の会員数は、事件後に伸張をみせた[29]というが、この主張や行動は学生からの支持を得ていたことが推測される。

この例からは、「風紀ノ改善」の担い手としての自覚を強めていた同志会が、もはや上からの権威的な教育方針に従い、現行の秩序保持をはかるだけの存在ではなくなっていたことが明らかである。「青年」という言葉が鼓舞する、自らこそが道徳の体現者であり新しい秩序形成者になりうるという自負は、既存の権威者に対する抗議行動をも生んだのである。

ちなみに、このように「学生生徒たる身分のものが、学校長教員に反抗する」という「学校騒動」は、川越中学校の例が特別なわけではなく、この時期に全国各地で起こり教育上の問題にもなっていた現象であった[30]。そこに、秩序への抗議に向かう「青年」の姿をとらえることは可能であろう。

しかしながら、こうした思考や行動には別の側面があった。先にあげた「青年の元気」を論ずる文で安部立郎は、現実の学生たちのありさまに対する憂慮をあからさまにする。「次第に国家的観念薄らぎ、利己主義となり愛国を唱ふる者は偽善者と看取せられ、進取の気象衰へ、責任を重ぜず、軽薄なる才子のみ増長し、世事益々形式に流れ」、「社会の原動力たる青年は余りに柔順に過ぎざるなきか。卑屈に過ぎざるなきか。文弱に過ぎざるなきか」と。文部・内務省の「青年」論と同様に、「柔順」「卑屈」「文弱」な学生の姿が嘆きの対象となっているのである。

道義を弁えず粗野を特徴とする「豪傑」の否定のうえに登場したはずの「青年」であったが、「青年」のもつべき性質として、柔順などの性質が排斥される反面で粗暴は「元気」という言葉で容認されるのである。道徳性の提唱と同時に唱えられる「元気」の名の下での暴力肯定の論理は、「青年」団体である同志会の性格の一端を表すものともいえるのではないか。

『初雁』第一二号の「巻頭の辞」には、「本号が、現代一部学生の柔弱怯懦《きょうだ》なる輩に一大痛棒を加へ、我が健全なる同志会の運命をして益々隆々の黄金時代を開拓せしめ得ば吾人の願足る」との文章が掲げられている。(31) ここには、「柔弱怯懦」なる存在に対する暴力的制裁への志向が、はっきりと表されている。また同号には、「特別会員気焔録」として「同志会の新機軸」と題する安部立郎の談話が掲載されたが、その趣旨は「堕落生退治」の提言に尽きていた。

近来なかなか悪い生徒が出来た様だ。父兄の労苦を忘れ、自己の本分を顧みず、酒色に耽り金銭を浪費し嘔吐を催す様な無作法若くはキザな風采をなし、中には婦人女子などに戯るる連中もあるらしい。誠に困た話だ。此の如きバチルスみた様な連中は、〔中略〕却て健全なる分子を駆逐して到底助からぬ状態にして了ふものだ。依て我同志会は是非今後内部の一致統一を益々堅くし、力を外に用いて此等のバチルス退治、堕落生退治をやつてみたいと思ふ。〔中略〕大鉄槌をふりかざして〔中略〕是非大に此バチルス退治堕落生退治を断行し様と思ふ。(32)

「バチルス」（細菌）扱いされる「堕落生」の行いとは、奢侈や無作法、「キザな」スタイル、男女交際などであるが、これらを非難すること自体は、「軽佻浮薄」の風潮を憂うる文部省が推奨する道徳性から外れるものではない。つまり、ここで呼びかけられる「堕落生退治」の実践が、道徳性の保持者を自認し校内の風紀維持を自己の任務とする「青年団体」の枠組み内にあったことが確認されよう。しかし、その実践には、「大鉄槌をふりかざして」という暴力的制裁がつきまとうのである。自らを国家社会の風紀改善者や道徳の実践者の位置におくとともに、その秩序から逸脱する存在に対する暴力的制裁を当然のこととする。道徳性と暴力の両立が特徴的であった。

こうした論調はその後もしばしば登場する。日本が第一次世界大戦に参戦した後の一九一五（大正四）年に出された『初雁』第一六号には、「似而非《えせ》学生を張り飛ばせ‼」と題する檄文が掲載された。そこでは次のような主張が展開されている。

我国は旭日昇天の勢もて世界一等国の班に入り、任益重からんとす。翻つて我々学生の状態を見るに、益々弱虫となり文弱に流れ、臭気紛々、人をして酸鼻に堪へさらしむるものあり。かかる物を見る毎に我輩は鉄拳制裁を加へたくなるものなり。張り飛ばしたくなるものなり。(33)

列強と並ぶ「一等国」としての日本の地位を意識しながら、国家を支える自らの任務として、学内風紀維持への実践を意識化したものであるが、そこには暴力性がつきまとう。「鉄拳制裁」という暴力的制裁の対象となる「似非学生」とは、「弱虫」「文弱」にすぎない。道徳の体現者としての「青年」の意識化は、このように「元気」とは対極にある「弱虫」を暴力の対象とする風潮(34)をエスカレートさせ、それは日本の男子学生文化の一つの側面を形作ることになったともいえるのではないだろうか。

おわりに

本章では、日露戦争期から盛んに鼓舞されるようになる国家の道徳的任務の遂行者としての「青年」というカテゴリーの喚起と、それに呼応する「青年」の登場について明らかにしてきた。まず、この時代に浮上する「青年」は、明治二〇年前後に徳富蘇峰が唱えた社会改革の推進者となる西洋的知識を身につけた都会的な知識人の姿とは、大きく異なるものであった。そこで何より求められたのは、国家と歩調を揃え国家的規範を担うことである。日露戦争の勝利によって切り拓かれる日本将来の「開拓の使命」を担う者として指名されたのは、「壮年」や「老年」に代わる「青年」なのである。「青年」に不可欠な性質は、精力旺盛で競争を勝ち抜くことであり、この性質は「男らしさ」と結びつけられマスキュリニティが強調されることとなる。

日露戦後経営の過程で、「青年」は、国家社会の道義を形づくる存在として位置づけられていく。当時の地方は、資本主義的発展に伴う都市化や消費文化の流入によって、急激に変貌を遂げていく時期である。「青年」には、地方の秩序維持に不可欠な道義・風紀改善の担い手としての役割が課されたのである。こうした「青年」の位置づけは、「青年」の模範とされる性質を明示するとともに、対照的な性質を浮かび上がらせることとなる。「剛健不屈」に代表される「青年」モデルに対し、槍玉にあげられるのは「意気消沈」「奢侈」「軟弱」な若者である。男性性と結びつけられ推奨される前者に対し、後者は非男性的な性質とされ「青年」にあってはならないものとされた。同時に、セクシュアリティにも監視のまなざしが注がれていく。ジェンダー・セクシュアリティ規範をともなって、「青年」モデルの構築がなされていくのである。

注目すべきは、このような国家的な「青年」構築の呼びかけに呼応する形で、実際に各地で青年団体が叢生したことである。本章で取り上げた埼玉県立川越中学校同志会は、まさにその一例といえる。同志会は、男子中学生たちが「青年」という主体としての自覚を育み、あるべき「青年」の姿やもつべき性質についての確認を行う場であった。自らが「青年」であることの確認は、道徳性の体現者としての自覚と、学校という場における風紀改善の使命感を生むことにもなる。

このような「青年」アイデンティティを備え実践の使命を自覚する主体の登場が、一面で既存の権威を揺るがす力となった点は確認しておきたい。本章で取り上げた校長排斥事件におけるような、上からの「圧制的威喝的教育」に叛旗を翻し権威者を排撃する、という運動の経緯を見るならば、それは明らかである。国家政策的意図を汲んで構築された「青年」であったが、それは単に上からの意向を受け権力の末端として行動するだけの存在ではなかったのである。まさに、そうした能動的な面は、その後に登場する地方名望家対青年という「大正デモクラシー」的な対抗の前哨戦と位置づけられよう。

だが、「青年」アイデンティティ構築は、別な側面をもっている。「剛健不屈」に示される模範的な「青年」の性質の強調は、対照的にそこから外れる存在――「軟弱」「弱虫」――を浮かび上がらせると同時に、「軟弱」「弱虫」とみる他者――女性や老人――に対する優越性の意識をも生むことになる。道徳性と結びつくなかで、そのような性質は「青年」集団内であってはならないものとされ、それを排除するための暴力的制裁が正当化されるのである。こうした「軟弱」「弱虫」に対する集団的制裁は、ホモソーシャル的なつながりを核とする男子学生文化や集団内において現れる特徴の一つとなっていく。

マスキュリニティを備える「青年」という呼び名に付随する道徳性、改革性、そして暴力性は、その後の歴史過程とりわけ社会変動を促す主体の構築に際して、形をかえながら再生産され発揮されていくのではないだろうか。

註

（1）田村栄子「ドイツ近現代史における青年世代――一八一八～一九六八」『佐賀大学文化教育学部研究論文集』第四集第二号、二〇〇〇年三月。

（2）川手圭一「フォルク（Volk）と青年――マイノリティ問題とドイツ青年運動」田村栄子・星乃治彦編『ヴァイマル共和国の光芒――ナチズムと近代の相克』昭和堂、二〇〇七年。

（3）木村直恵『〈青年〉の誕生――明治日本における政治的実践の転換』新曜社、一九九八年。

（4）同前、二九八頁。

（5）多仁照廣『青年の世紀』同成社、二〇〇三年。

（6）岡田洋司「解説 青年団運動の母・山本瀧之助の生涯と青春」財団法人日本青年館『近代社会教育史料集成2　復刻版 山本瀧之助全集』不二出版、一九八五年。

（7）鹿野政直『資本主義形成期の秩序意識』筑摩書房、一九六九年。

（8）以下の引用は、徳富蘇峰『三版 新日本之青年』一八八八年（『明治文学全集34 徳富蘇峰集』筑摩書房、一九七四年）より。

（9）その後、蘇峰は一九一七（大正六）年に『大正の青年と帝国の前途』を出版した。その内容は、蘇峰自身が『新日本之青年』を「根本的に改作したるもの」と述べるように大きな転回を遂げており、「帝国の興替消長」の担い手としての「青年」論となっている。

（10）「田舎青年」は、『山本瀧之助全集』（山本瀧之助功労顕頌会、一九三一年）に所収のものを引用。（前掲『近代社会教育史料集成2　復刻版　山本瀧之助全集』（註6））。

（11）鹿野前掲（註7）。

(12)「青年は健在なりや」『教育時論』第六八六号、一九〇四年。

(13) 文部大臣・小松原英太郎「青年団体は一国道義の中枢也」『斯民　青年号』第五編二号、一九一〇年四月。

(14) 小松原英太郎「青年教育の指針」『斯民』第四編二号、一九〇九年四月。

(15) 嘉悦孝子「男らしき男［理想の男子］」『中学世界』第九巻二号、一九〇六年二月。

(16) 大町桂月「男性と女性」『中学世界』第九巻一四号、一九〇六年一一月。大町桂月と「男らしさ」の関係については、細谷実「〈日本男児〉の構築——忘却された起源としての大町桂月」（小玉亮子編『現代のエスプリ　マスキュリニティ・男性性の歴史』第四四六号、二〇〇四年九月、至文堂）を参照。

(17)「学生風紀問題」が一九〇五年をピークとして教育問題化していたことについては、渋谷知美「『学生風紀問題』報道にみる青少年のセクシュアリティの問題化——明治年間の『教育時論』掲載記事を中心に」（『教育社会学研究』第六五号、一九九九年）を参照。

(18) 河岡潮風「学生の暗面に蟠れる男色の一大悪風を痛罵す」『冒険世界』第二巻九号、一九〇九年。

(19) 安部達人「同志会廿五年略史」『同志会創立廿五週《ママ》年記年号』一九二八年。

(20) 拙稿「大正デモクラシー期の地域振興論——安部立郎の思想と行動を通して」『埼玉県史研究』第二四号、一九九〇年。同「地方都市における『大正デモクラシー』——埼玉県川越『公友会』の活動をめぐって」『歴史学研究』第六〇四号、一九九〇年三月。

(21) 安部前掲（註19）。

(22) 碧洋「我カ同志会ノ本領」『同志会々報　第一』一九〇八年一一月。

(23)『ハッカリ』第八号、一九〇七年九月。
(24)高澤睨西「真面目」同前。
(25)ジェイソン・カーリンは、当時の男子学生間のマスキュリニティの対抗関係に注目し、それを西洋風の「ハイカラ」とナショナリスティックな「バンカラ」の対抗として描く（Jason G. Karlin, *The Gender of Nationalism: Competing Masculinities in Meiji Japan*, The Journal of Japanese Studies Vol.28 No.1 Winter, 2002）. だが、本稿では、この二項対立構図に加えてその上に道徳的な「青年」の構築がなされた点に注目した。
(26)安部立郎「蟹ノ泡」『同志会々報　第二』一九〇八年一一月。
(27)凡碌生「青年の元気」『初雁』第九号、一九一〇年五月。
(28)「川越中学卒業生の不穏」『教育時論』第八九九号、一九〇九年九月。
(29)安部前掲（註19）。
(30)『教育時論』（第八八〇号、一九〇八年九月）には、「某教育大家」による「学校騒動に就て」を題する論説が載っているが、そこでは学校長や教員に対して、「時代の精神」や「青年者の心身」についての理解が呼びかけられている。
(31)花魂生「巻頭の辞」『初雁』第一二号、一九一一年七月。
(32)安部立郎「同志会の新旗幟」同前。
(33)法螺の檄語「似而非学生を張り飛ばせ!!」『初雁』第一六号、一九一五年一一月。
(34)この点に関連して、内田雅克は、この時期に「ウィークネス・フォビア」（強くあらねばならないという脅迫から「弱さ」への嫌悪を抱くこと、攻撃をともなう）の意識が形成されたことを、雑誌の分析から論じている。山口（内田）雅克「ウィークネス・フォビアの形成――明治期『少年世界』に見る〝男性性〟」『ジェンダー史学』第三号、二〇〇七年（内田雅克『大日本帝国の「少年」と「男性性」――少年少女雑誌に見る「ウィークネス・フォビア」』明石書店、二〇一〇年に所収）。

Ⅱ　国民国家の再編とジェンダー

第4章　国民統合と家族イデオロギー

はじめに

本章では、国民国家のイデオロギー装置としての「家族」について論ずる。特に注目するのは、第一次世界大戦を画期に国民統合が新たな段階に入るなかで、家族イデオロギーがあらためて喚起される経緯や論理である。

近代日本の国家と家族との関係は、これまでにも盛んに論じられてきた。一九五〇年代に法学者・川島武宜は、戦前日本の政治と家族の関係を次のように語っていた。「明治以降第二次大戦の敗戦にいたるまで、家族法の問題が家族道徳の問題とともに常に政治上の重要性をもっていたことは、家族という社会制度、とくにその一定の――いわゆる『家族制度』という権威主義的家父長制の――行動様式が政治権力にとって重要性をもっていたという事実に対応するものである(1)」。川島が問題とした「『家族制度』という権威主義的家父長制」とは、明らかに西洋近代の市民社会には存在しない特殊日本的なものであった。

一方、一九九〇年代以降には再び近代日本の家族に関する議論が活発になったが、そこでは大きなパラダイム転換がある。それは、近代日本の家族の問題を、封建遺制や特殊日本的な「家族制度」ではなく、「近代家族」の問題としてとらえるようになったことである。(2) 国民国家論は、家族を国民国家の装置とみる視点を打ち出した。西川長夫は、「家族は国家に対抗する集団ともなりえたが、国民国家の枠内では圧倒的に国家のための装置であり、国家のための集団の機能を果たしてきた」と述べ、「国民再生産の装置としての『家族』」に注意をうながしている。(3)

ここでは、この「国民再生産の装置としての『家族』」という視点をふまえるとともに、さらにそこに次の点を加えたいと考える。エリック・ホブズボウムは、近代社会における「伝統」の創出に注意を喚起した。(4) 他国の文化との差異化を求めるナショナリズムは、国民文化の固有性の根拠としての伝統を強調する。従来の近代日本家族の研究が重視する日本的特殊性——「家」——は、むしろ国民国家のもとで一見古めかしい装いをまといながら新たに創出される「伝統」の問題として再検討すべきではないだろうか。すなわち、国民国家の装置としての家族イデオロギーを問題にする際に、近代国家に共通する普遍的な面（「近代家族」の問題）と、「創られた伝統」が生み出す特殊性（「家」の問題）との双方を、視野に入れることが必要と考える。(5)

本章で行うのは、近代家族の場としての「家庭」と「創られた伝統」としての「家」の双方を視野に入れて、家族イデオロギーを論じることである。素材とするのは、内務官僚・田子一民の言説である。日露戦後期から一九二〇年代初めにかけて内務官僚を務めた田子一民は、第一次世界大戦を画期とする国民国家の新段階に応じた国民統合の必要性を強く認識しながら、社会政策の積極的な導入をはかるため、内務省社会局の創設を行った人物である。当該期に彼が内務官僚として企図した構想や進めた施策において、家族イデオロギーはどのように表れたのか、検証していくこととする。

一　内務官僚・田子一民

まず、田子一民の経歴についてみておこう。[6] 田子一民は、一八八一（明治一四）年に岩手県盛岡市で出生、盛岡中学校、第二高等学校を経て、東京帝国大学法科大学政治科に入学、一九〇八（同四一）年に同学を卒業後、文官高等試験に合格し同郷の原敬の後押しを受けて内務省への入省を果たした。それから一三（大正二）年までの五年間は山口県に赴任、都濃郡郡長職などを務めた後、内務省書記官として警保局警務課長・地方局市町村課長・同局救護課長といった重要ポストを歴任した。一八年に一年間の欧米出張を経験した後、救護課の社会課への改称と社会局への昇格を実現させ、二二年一月には自ら社会局長となっている。

田子の内務官僚時代は、一九〇八年から二四年までの一六年間である。[7] この時期の内務省が課題としていたのは、植民地帝国となった日本に見合う国内体制の整備であった。「帝国」を支えうる地方と国民の育成は急務であった。そのために編み出されたのは、地方改良運動、民力涵養運動といった官製国民運動であったが、田子が配属された内務省地方局は、その官製国民運動の立案・推進を担った部局である。官僚としての田子の発想において、常にこうした「帝国」の基盤固めのための国民の育成や統合という課題が念頭にあったことは言うまでもない。

ところで田子に関しては、日本社会福祉史の上では大変高い評価が与えられている。「社会連帯型大正官僚」[8]、「天皇制に限界づけられたフェビアニズム」[9]といった田子への評価は、社会福祉発達史のなかでは通説となっていると言ってよい。それは、田子の社会局設立をはじめとする社会事業行政の確立に果たした功績に対しての評価である。だが、今日の目で見るならば、社会福祉の推進を、管理社会の形成や国民統合の強化という面を抜きにして手放しで称えることは難しくなっている。田子の社会福祉への尽力はいったいどのような論理でなされたのか、内務官僚として民衆掌握や国民統合に向けられた発想に視点を据えていく必要があるだろう。何より、「帝国」経営を念頭におく国家官僚としての面を過小評価することはできない。

二　「自治民」育成

一九一四（大正三）年に内務省地方局市町村課長に就任した田子一民が担った課題は、地方改良運動の推進であった。大正政変後における政党勢力の市町村政への進出に伴う「党争」の激化は、官僚の目からは「自治」の「醜状」以外のものではなかった[10]。この危機意識を背景に田子は、地方改良運動とりわけ「自治民」教育の必要性を唱えるようになる。

田子の言う「自治」とは、「地方は国家の基礎なり。国家の隆昌は地方の繁栄に俟たざるべからざる[11]」との言葉に表れるように、言うまでもなく国民国家を支える基礎単位としての「自治」である。彼は、日露戦後における課題について次のように述べる。「明治維新は国体を自覚したる最大革新にして、日露戦争は立憲政体及び自治制度の自覚を来せり」、「自治制は役場の門を出でて市町村内各住民の門に入るに至れり。又自治制運用者は単に役場吏員に止らずして、市町村会議員は固より市町村住民全部の自覚を促さんとするの時機に際会せり[12]」。国家の末端に位置づけられた市町村を支える住民の「自治制」に対する「自覚」を重視したのである。田子は、そのための「自治民」育成に向けて小学校や補習学校、青年団での教育に力を入れた。自ら、青年団用教科書として『青年公民読本』の執筆も行っている[13]。

では、この時期の田子の「自治民」育成論で「家族」はどのように位置づけられたのか。彼は青年団とともに処女会の重要性を説く。それは、「今それ家庭経済の方策を確立し、公共心あり共同心あり自立自営の実ある家庭を作り、自治団体並に国家の健全なる発達を期せしめんとせば、必ずや女子自らが此等の事に精通し又趣味を有し、同情あるものたらざるべからず[14]」という認識からであった。「家庭」を自治団体や国家の基礎単位として位置づけるとともに、「家庭」における女子の役割を重視していたことがわかる。

ただし、この時期の彼の議論に天皇や伝統と結びつく「家」は登場していない。従来の「家族国家論」研究では、一九〇八年の戊辰詔書の発布に始まる地方改良運動や国定修身教科書の改訂作業を通して天皇制イデオロギーが家族国家論によって補強されたと論じられるが、田子の場合、家族国家論が意識されるのはその後である。

三 「第二維新」論

一九一八〔大正七〕年二月より一年間、田子一民は、内務省の命を受けて欧米諸国を歴訪した。出張の目的は、ヨーロッパを主戦場とした第一次世界大戦下における軍事救護事業の視察であった。出発したのは大戦の末期であったが、戦争終結の時点〔同年一一月〕をはさむこととなった。田子は大戦下の欧米出張で何を見たのか。帰国後、彼は次のような感想を述べている。

英国は、国家的に経済的に政治的に、個人から国家へと眼ざめて来たのである。〔中略〕之〔大戦〕を機会に、〔米国は〕国家的精神の統一を図る事に注意し得た、又一面にはこの戦争を機会に国民の精神及び体力を十分に試験することを得たのである。〔中略〕米国は戦争によって国家的に白熱化して来たのである。(15)

内務官僚・田子が注目したのは、欧米諸国における強力な「国家的精神の統一」つまり国民統合のありさまであった。こうした欧米諸国の状況は、大戦を契機とする総力戦体制を背景としている。大戦下の欧米諸国を国民統合の観点から称賛する田子は、一方で日本の現状に対する憂いを次のように表している。「最も恐るべきは、国民の無気力、無自覚、萎靡《いび》衰弱是れである。〔中略〕四年の戦争中少しばかりの富の増加で、国民の或部分は調子に乗り浮華軽佻になつて居るとも謂ふ」(16)。欧米諸国と対比される日本の「国民の無気力、無自覚」を大きな問題とみた田子は、その改善に向けての取り組みを精力的に進めていくことになる。その取り組みはどのようなものであったのか、次に見ていこう。

田子は、大戦後の世界の現象について次のように述べている。彼はそれを「第二維新」と表現する。

> 世界共通の現象は、生活問題、生命問題、経済問題を根柢として、即ちどんなにして生きて行けば生命を繋がれるのかと云ふこと、即ち今食ふに困るものが、如何なる国家社会は吾々を飢へさせないのであるかと云ふ根本的な徹底的なそして真剣な態度に於て、現代の国家社会の姿を眺める様になつたのである。これは即ち第二維新であ〔る〕(17)。

生活問題に目覚めた人びとが国家社会に目を向けるようになった、そのことを、国家社会を根底から揺り動かす重大事件＝「維新」として認識したのである。背景には、ロシア革命による社会主義国家ソビエト誕生の衝撃もある。田子は、こうした「第二維新」への対応を国家における緊急課題とみたのである。「この第二維新を、吾々国民は如何様に理解し、如何様に判断し、如何様に取扱つて行くかが即今の問題である」と田子は唱えた。

さらに「第二維新」への対処のためには、「地方改良運動、道徳経済の調和運動の如き旗印」が必要と考えられた。では「デモクラシー」がその旗印になり得るか、田子は、それは「政治的には我が国に已に存在し」ているものであるという。すなわち、憲法発布の際の勅語に表されている「国民凡て政治上の責任を分つ」主義、「国民分任主義」こそが日本のデモクラシーにほかならないというのである。デモクラシーが、国民の側からの政治的権利の要求ではなく、国家の事業・政策を前提にそれを請け負う「分任」として理解されていることに注意しておきたい。

田子は、この「国民分任主義」とともに新しい旗印を提案する。それが、「生活維新」であり、「国民的生活改善運動」であった。「第二維新」を動かす力が民衆の生活難から来る「生活の叫び」にあることに注目した田子は、「生活」を政策の要にするための提言を行う。

即今我が国の緊急問題は結局、生活維新である。〔中略〕生活を合理的なものにし、学理的なものにし、社会的なものにし、人類の進歩、国家社会の発達に適当なものにするのは、第二維新の眼目である。(18)

つまり、民衆の生活向上の要求を、合理的な生活確立に向けての自助努力に組みかえようとするのである。「合理的生活」とは、精神・体力両面で健全な国民を育成するための土壌なのであった。内務省は、一九一九（大正八）年の節米・代用食運動を皮切りに、民力涵養運動の一環として生活改善運動を積極的に推進した。[19]二〇年代にも、勤倹奨励運動・公私経済緊縮運動などの消費節約運動が行われた。これらの運動が盛んに展開された背景には、このような意図があったと考えられる。

「生活」を要とする「第二維新」への対処策は、もう一つあった。国家が国民の生活保障を行う「社会事業」である。[20]田子は、一九二〇年に「国民生活保障の五大綱領」を発表した。[21]そこで、第一には「出生保護」事業、第二には「教育の社会的保護」事業、第三には「職業選択の保護」のための事業、第四に「生活保護」事業、第五には「現代社会の精神的保護として〔中略〕趣味、娯楽、修養の機関を公益化する」ことが提案されている。田子のこうした提案が、国家に対する責任を担い得る国民を求める「国民分任主義」の発想から出たことは確かであろう。従来の救貧行政は、自力で生活できない最底辺層の救済が眼目であったが、田子の社会事業論では「一般中流階級以下」や女性に対象が拡大され、しかも出生・教育・就職・生活・娯楽という生活全般に範囲が及んでいた点が大きく異なる。この田子の国民生活保障論は、二〇年代に実現の緒につくこととなる。二〇年八月に成立した社会局では、管轄事務の条項の中に社会事業が新たに加えられている。[22]

四　ナショナリティとしての家族

田子が「第二維新」と呼ぶ大戦後の状況への対応として「生活」とともに多用したのは、「家庭」という言葉である。田子は、生活の動揺を家庭の動揺と同義でとらえ、次のように言う。「現今の家庭を窺ふと、富めるものの家庭は富んで泣き、収入の増して家庭は却つてそれが為に泣き、収入の不足の家庭は固より泣いて居る。〔中略〕今や国を挙げて各人がその生活に対して、根本的に動揺を来して居る」[23]。「生活維新」を語るうえで家庭は、不可欠な存在であった。

また、社会事業を論じる際にも次のように家庭との関連が強調されており、田子が家庭を重視したことは、明らかである。

私は今日以後に於て最も大切な事は、個人の救済にあらずして家庭の救済であると考へる者である、色々の社会の欠陥は家庭の堅実でない所から起つて来るのであつて、此家庭を保護する事が経済上にも精神上にも完全に出来たならば、社会の落伍者と云ふものは無くなるべき筈のものであると考へる。[24]

では、なぜ田子がそのように家庭に重きをおいたのであろうか。彼の議論を見ていこう。

〔社会事業のモデルとなる〕米国と我国の社会と種々の点に於て相違があるのである。其中で家族に就ては、我国は家族制度の国であると云ふ。あちらに於ても家庭を離れて個人がないのであるから必ず家庭はある。併ながら此両国の家庭は如何なる身体を為して居るか、如何なる健康を保持しているか、私は種々なる点に於て差別があると思ふ(25)。

田子は、アメリカモデルの社会事業の日本への移植を企図するが、日米の社会の違いとして家族をあげ、「我国は家族制度の国」という論を持ち出すのである。これは家族国家観の論理であるが、それがアメリカの社会事業制度の移植を図ろうとするこの段階で前面に出されたのである。

また彼は、青年団及び処女会を中心とする社会教育講演会で次のような主張を行う。「青年団及び処女会の対立、青年、処女の対立を考へる場合の『プリンシプル』は、家族制尊重主義或は家庭尊重主義と云ふても宜いかもしれない、其家族制尊重主義を根柢にしたいと思ふのであります」。なぜ「家族制尊重主義」が重要であるか。「若し我々の国家社会が此家族制を壊はして、所謂個人主義が行はれて、個人々々の力が強くなつて来ると云ふことになれば、我国の強みは非常に乏しくなると考へます(26)」と田子は言う。「家族制度」とは、欧米諸国を相手としたときの「我国の強み」にほかならないのである。

以上のように田子は、家庭や家族制度を「我国の強み」すなわちナショナリティと結びつけてとらえ、新しい政策を進める際の立脚点にしたのである。その後田子は、文部省主催の社会教育講演会や青年団講習会、個人誌として発刊した『第一線』誌上などの場で、日本の「家族制及び家庭と云ふものは何か」を論じるようになっていく。

田子の「家族制〔度〕」＝「家庭」論の要点は次の五点にまとめられる。(27) 第一に、「家庭は祖先以来の魂の継続なり」。第二に、「家庭は子女の養育及び教育の場所なり」。第三に、「家庭は人生至楽の場所なり」。第四に、「我国家族制の特徴は、縦は親子の道徳、横は夫婦兄弟の道徳」であるという点。第五に、「家庭は経済の単位なり」。

これらを見ると、実在の家族生活の場を前提とする第二・第三・第五のような内容と、第一・第四のように観念的・道徳的な特徴を表す二つの内容とが、混在していることがわかる。彼は、「家庭」と「家族制〔度〕」という二つの言葉をあまり区別せず一つの存在を示す意味で使っているが、ここでは、実在の家族生活の場を示す場合に「家庭」とし、観念的な存在としての場合を「家」もしくは「家族制度」と呼ぶことにする。

五 「生活」共同体としての「家庭」

田子が定義する「家庭」の機能の第一は、「子女の養育及び教育」である。それは、育児という近代家族の役割であるとともに、「我々の持つて居る魂と肉体とを自分の子供を通じて心に肉に伝へる」といった永続的な「家」継承の意味も含まれていたことにも注意したい。第二に、家庭は「至楽の場所」と表現される。この表現には家族構成員相互の情愛、団欒というニュアンスが込められており、それは近代家族の特徴である。だがやはり、「親子、兄弟、夫婦、さう云ふものが相集つて」作られる日本の家族の「楽」は、「夫婦本位」とされる欧米の家庭と、いかに内容的に異なっているかも強調されていた。

第三に、「経済の単位」と定義される。強調されたのは、「生産経済が退化して消費経済が家庭の特色を成して居る」という点である。これも日本独自の家族制度と結びつけて論じられる。田子の議論を詳しく見よう。

> 大戦以来、列強の富力は稍々減じたが、仏国は一人当り三千七百円、英国は四千二百円、米国は四千二三百円、日本は戦前より増したとは言へ、尚七百円に過ぎない。而も常に国運隆々たるものある所以は、上に同族同血の天皇を戴き、下に家族制度を保ち、親子夫婦等の縦横の道徳が結付いて居ることに在る。家族制度は道徳団体として又教育団体として重きを成して居るが、殊に経済団体として生産と消費とを併せ行ふ事になつて、其間の調和が保たれるのである。[28]（傍点は引用者）

田子は、経済団体としての家族を「我が国の強み」ととらえ国家の富力と結びつけて提示しており、家庭の生産機能の退化を補うものとして消費に注目していたことがわかる。

以上のように、田子は国家を支える家庭の機能を、子女の養育・教育、団欒の場、経済の単位という意味でとらえていた。これらは近代家族の機能であるが、同時にそこでナショナリティにかかわる日本的特質が強調されていたことも見落せない。

だが、現実の日本の家族がこうした機能を担い得るには、家族形態や家族構成員の関係の再編成が不可欠である。次に、この点に関する田子の提言を見ていく。田子は、「生活維新」とともに「家庭の維新」を高唱していた。

嘗て封建制度が破られて明治の維新が成つた。〔中略〕政治的には封建制は正に打破されたのであつた。爾来年を閲する二十余年、今なほ家庭は依然として封建的たる事を免かれないで居る。即ち家庭は男子たる戸主のために造られ、営まれて居て、妻子はその附属物のやうに取扱はれて居る、一種の大なる時代錯誤といはねばならぬ。

「男子たる戸主」中心の家族のあり方の改革こそが、「家庭維新」の眼目だというのである。これは「家」の特徴として考えられてきた権威的家父長制の否定ともみられる。では、それに代わる家庭とはどのようなものなのか。田子は、「家庭維新の原則」が「家族全体の幸福と修養とを図るといふことを基調としなければならぬ」と主張する。[29] 彼が示したのは、戸主一人でなく家族構成員全体が重視される家族である。この提言に関して、田子が総力戦体制を念頭に置いた国民統合論を提起していたことを想起すべきであろう。つまり田子の構想は、国民全体の動員を主眼とする総力戦体制に呼応して、家族全体を強調したものと考えられるのではないだろうか。

とりわけ重きが置かれたのは、妻であり母である女性であった。田子は、家庭を単位とする「生活維新」の主導者が女性でなければならないことを、次のように述べている。

生活難を救済するの策は固より色々であるが、此機会に於て、生活そのものを明細に研究し、学理的、合理的見地によつて、此生活維新を完全に導いて行くことは、有識階級の妻たり母たる婦人の重大責任であると考へる。〔中略〕明治の維新は男子の志士、愛国者、勤王家に依つて完成せられたならば、今度の生活維新は、女子の修養あり、見識あり、常識的頭脳のある志士、愛国家、勤王家に依つて完成せられなければならぬと思ふ。[30]

家庭という場の衣食住の面にわたる合理的生活の確立が、妻であり母である女性の重大な責任とされたのである。田子は「国民分任主義」を唱えたが、それがこうした性役割に基づくものであることは明らかである。

さらに田子は、一九二五（大正一四）年の衆議院選挙法改正により男子普通選挙が実現した後、女性参政権の付与を主張するようになる。一二六年に田子は、「婦人を公共の上に発見せよ」という文章を発表している。(31)そこではまず、「真の公共生活は男女協力の下に完成せられるとなす」という理想が明らかかされ、「婦人はただ、感情に生死してはならない。良妻たり、賢母たり、淑徳高き婦人たるべく、市町村にも、府県にも、投票権を与ふるの必要を高唱するものである」と唱えられている。これは、あくまでも「良妻賢母」であることを条件に女性に「公共上の責任者として義務を負担させ様とする」ものであり、それまでの彼の持論から導かれる主張であった。同時に、「家政の主宰者である婦人の意見を政治にとり入れることの意義も深い」と述べているように、妻・母である女性を介在者として、家庭と国家との連携の緊密化をはかろうとする意図があったことも確認しておきたい。

田子は女性への強い期待を表わしたが、それは家庭を前提とした妻・母の役割においてであった。逆にそれは、妻・母という家庭における役割を果たさない女性を認めないことでもある。田子は、「職業婦人」すなわち職業によって自らを養おうとする独身女性に厳しいまなざしを向けていた。彼は、女性の職業について、「婦人の本来の分担方面」に沿うものとして農業・教育・児童保育・助産・看護・社会事業関係等の職業を除外しながら、「男に戦を挑むために職業を求める」という「職業婦人」に対しては、「人類社会の進歩発展に貢献すべき分担方面を蔑如し、その本領に遠ざか(る)」ものである、と強い非難の言葉を浴びせるのである。(32)

田子が重視した家族は、生産を主とする経営体で権威的な家父長に支配されるという従来の家族とは異なる新しい家族像を示すものであった。そこで強調されたのは、家族構成員全体の一体性や家政の主宰者である妻、子を育て教育する母としての家庭内における女性の役割である。このジェンダー化された家族は、総力戦体制が視野に入れられるようになった国民国家の新段階を背景に構想されたものにほかならない。

六　「無形の法人」としての「家」

この時期に田子が家族国家観を明確に打ち出したことは先にも言及したが、その内容について『第一線』で二回にわたって連載した「公民講座『家』の観念」[33]によって、あらためて検討していきたい。

田子は、家庭を論ずる中で「家庭は祖先以来の魂の継続なり」と言い、「国運隆々たるものある所以は、上に同族同血の天皇を戴き、下に家族制度を保ち」と述べていた。日本のナショナリティを家族主義に求める家族国家観は、日露戦後期における教育の場で登場したことは確かである（第1章）が、それはさらに、第一次世界大戦後を画期とする国民統合の新たな段階のなかで高唱されていくことに注目すべきであろう。田子は、まさにこの時期に「わが国の強味」を家族制度に求めるようになっていた。

ただし、こうした家族国家観は、農村から都市への人口集中が進む中で都市において夫婦と子どもを単位とする小家族が増加する現実との間で、大きな懸隔を生まざるを得ない。田子の新たな

「家」の観念は、そうした理念と現実の乖離という問題を意識して提起されたものといえる。

家なる観念は無形なものであつて、即ち人格の継続霊の継続といふことを意味して居るものである。〔中略〕例へば我々の眼に見ることの出来ない、国家なる無形の法人が現存してその魂が永遠に継続し所謂法人は不死と云ふ考へを持ち、又子孫に永続すといふやうな考へがあるやうに、大体に於て吾人の脳裡には明瞭に国家意識が存在する。〔中略〕是れがあるために人類は如何なる固有目的があるにしても国家は国家として、特別の意識を以つて発展進歩して居るのである。之と同じ意義に於て家なる観念は、決して木造の家とか、煉瓦作りの家とか、夫婦親子の生活の場所とか云ふ有形のものではなく、我々の家族が持つて居る目的以外に更に超越し家の人格魂が存在する。

ここでは、「家」を国家とともに、現実を超越して永続する「無形の法人」と見なすという見方が示されている。「家」は、現実の家族生活の場――家庭――を超え、「特別の魂」をもつ絶対的なものとして定義される。さらに、「家」をそのように永続的で絶対的なものと見なす意味について田子は次のように述べる

自覚をなす者は個人の意志であるけれども、自分と家とは激励者の地位として対照して見れ

ば、家の方が何《どん》なに強く吾人を刺激して居るか知れないのである。今日家庭内には種々の紛雑が起つた場合でも〔中略〕之等の関係者は常に家の魂に激励せられ、かくては祖先に済まないとか、家名に済まないとか云ふ様な意識により或は奮励し努力し以つて多少教育も完全に行ひつつ進むのである。

「家」は、個人の意志を超越する絶対的存在として立ちあらわれ、家庭内の対立の顕在化を抑えるものとなるのである。

第一次世界大戦を経て急激な都市化が進展するなかで、実態として多世代を含み家父長に統轄される大家族の重みは急速に薄れていく。しかし、現実の家族形態とは別に観念的に打ち立てられる「家」は、国家と同様の抗しがたい絶対性を帯びながら再喚起されたのではないだろうか。

おわりに

日露戦後から「帝国」を支え得る国民の育成に力を注いだ田子は、第一次世界大戦期に総力戦体制を敷いた欧米諸国の「国家的統一」のありさまを目にするなかで、大戦後日本の国民統合を緊急の政策課題として構想するようになる。田子が大戦後に立案する政策において重視したのは、「生活」と「家庭」であった。田子は、社会の中下層に位置する人々が自らの生活から国家社会に目を向ける状況に接し、生活問題への対処を政策の要とすることを唱えた。それが、「生活維新」の提唱と生活保障のための社会事業である。

これらの政策の鍵を握る存在とされたのが「家庭」であった。田子が示す家庭とは、子女の養育・教育、家族団欒、消費という機能を担い、「家庭の主宰者」として妻・母を重視する近代家族である。家族構成員全員が重視される総力戦体制段階に見合った家族のあり方であった。同時に、家庭がナショナリティと結びつけられていたことも見落とせない。田子は家庭を語る際に欧米と日本との違いに目を向け、日本の家庭に「わが国の強味」をみる。また、家族国家観がこの段階で登場したことにも注意したい。田子はここで、国家とともに「家」を、「無形の法人」つまり永続的で絶対的なものとしてとらえる見方を提起する。「家」を観念的なものととらえることによって、現実の家族形態がどのようなものに変わろうと、個人を強く拘束するものとしてその威力を発揮することが可能となる。実際にこの時期には急激な都市化の進展により、従来の大家族はその姿を変えつつあったが、「家」を実在の家族を超越した永続的な「無形の法人」と見なすことで、家族国家観は再起することになる。一九二〇年代に、「家」イデオロギーはこうして再び蘇ったのである。

このような「家」と「家庭」という二つの観念があいまって、第一次世界大戦後における家族は、以前にも増して、人々を国民国家への同調・恭順をうながすための強固な装置とされていったといえよう。またその中で、女性に対する「良妻賢母」役割要請はさらに強まることとなる。

註

（1）川島武宜『イデオロギーとしての家族制度』岩波書店、一九五七年、六頁。

（2）代表として、西川祐子「近代国家と家族モデル」（河上倫逸編『ユスティティア』2　特集「家族・社会・国家」ミネルヴァ書房、一九九一年）、上野千鶴子『近代家族の成立と終焉』（岩波書店、一九九四年）など。西川祐子は、同論文ですでに「（近代家族は）近代国家の基礎単位をなす」という特徴をあげている。

（3）西川長夫「日本型国民国家の形成——比較史の観点から」西川長夫・松宮秀治編『幕末・明治期の国民国家形成と文化変容』新曜社、一九九五年、一八頁。

（4）E・ホブズボウム、T・レンジャー編『創られた伝統』前川啓治ほか訳、紀伊国屋書店、一九九二年（Eric Hobsbawm & Terence Osborn Ranger, *Invented Tradition*. Cambridge University Press, 1983）. ホブズボウムは、同書の中で「創り出された伝統」を次のように定義する。「顕在と潜在とを問わず容認された規則によって統括される一連の慣習、および反復によってある特定の行為の価値や規範を教え込もうとし、必然的に過去からの連続性を暗示する一連の儀礼的ないし象徴的特質」（一〇頁）。祖先崇拝を核とする「家」は、まさにこの定義に当てはまるものである。

（5）西川祐子は家族の容れ物である住まいに注目し、戦前の家族が「『家』と『家庭』の両制度二重構造」になっていたことを指摘する（西川祐子「住まいの変遷と『家庭』の成立」女性史総合研究会編『日本女性生活史　第4巻　近代』東京大学出版会、一九九〇年）。本章ではイデオロギーに注目したが、家族制度についての認識は重なるものである。

（6）『田子一民』編纂会編『田子一民』発行人・熊谷辰治郎、一九七〇年。

（7）田子は、一九二四年に自ら免官を願い出て官僚生活に終止符を打ち、その後は政党政治家の途を歩んだ。二四年総選挙の際、地元盛岡市の選挙区で政友本党（二七年には政友会に入党）から衆議院選挙に出馬し落選したが、二八（昭和三）年に初当選して以後、戦前・戦中連続六回当選を果たした。戦後は一時公職追放を受けたが、復帰後自由党に入党、衆議院議員に当選し、吉田内閣期には農林大臣を務めた。

（8）吉田久一『現代社会事業史研究』勁草書房、一九七九年、佐藤進「田子一民とその『社会事業観』」（『社会福祉古典叢書五 田子一民・山崎巌』鳳書院、一九八二年）など。

（9）吉田恭爾ほか編『社会福祉の歴史』有斐閣選書、一九七七年。

（10）田子一民「最近五年間自治側面観」『斯民』第一〇巻二号、一九一五年五月。

（11）田子『小学校を中心とする地方改良』帝国地方行政学会、一九一六年、自序一頁。

（12）同前、二八頁。

（13）一九一五年九月の内務・文部両省による青年団奨励の訓令を受けて書かれた。一九二二年には『改訂青年公民読本』（帝国地方行政学会）が刊行。

（14）田子前掲（註11）二二二頁。

（15）田子「欧米の旅を了へての感」『地方行政』第二七巻五号、一九一九年五月。

（16）同前。

（17）田子「生活維新」『斯民』第一四巻四号、一九一四年四月。

（18）同前。

（19）内務省の生活改善運動については、中嶌邦「大正期における生活改善運動」（『史艸』第一五号、一九七四年)、源川真希「普選体制確立期における政治と社会」(『日本史研究』第三九二号、一九九五年四月)等を参照。
(20) 田子「国民生活保障の五大綱領」『斯民』第一七巻二号、一九二二年二月。
(21) 欧米視察からの帰国直後から、田子は社会事業の推進を唱えている(田子「社会診察の必要と社会事業家養成機関の設立の急務」『社会と救済』第三巻四号、一九一九年四月。
(22) 大霞会編『内務省史』第一巻、原書房、一九八〇年、三三八頁。
(23) 田子「家庭の維新を図るは婦人の責任」『婦人界』第四巻一号、一九二〇年一月。
(24) 田子「社会事業家の使命」『社会と救済』一九一九年一一月(田子『心の跡』帝国地方行政学会、一九二三年、二六〜二七頁に再録)。
(25) 田子「社会診察の必要と社会事業家養成機関の設立の急務」『社会と救済』第三巻第四号、一九一九年四月。
(26) 田子「青年団女子青年団」『文部省社会教育講演集』一九二一年二月。
(27) 田子「公民講座『家』の観念」『第一線』第三巻三号・六号、一九二七年三・六月。
(28) 田子「都市生活と教育」『斯民』第一五巻一二号、一九二〇年一二月。
(29) 田子前掲(註23)。
(30) 田子「生活維新と愛国者」『斯民』第一四巻一一号、一九一九年一一月。
(31) 田子「婦人を公共の上に発見せよ」『第一線』第二巻七号、一九二六年七月。
(32) 田子『新時代の婦人』白水社、一九二〇年、七八〜七九頁。
(33) 田子前掲(註27)。

第5章 「女工」観とその再編

はじめに

本章では、「女工」に焦点をあわせ、日本女性モデルとしての「良妻賢母」から逸脱するとみられた女性たちへの社会的蔑視の生成やその論理について明らかにする。

近代日本に生まれた工場で働く女子労働者は、明治初めに官営工場で雇われた伝習工女に始まる。その後の急激な資本主義化と一九世紀末における産業革命の進行に伴い、工場は安価で効率のよい大量の労働力を求めるようになり、その過程で雇用される女子労働者の数は増加の一途をたどることとなった。「女工」という呼び名は、そうしたなかで生まれ定着したものである。産業革命期の主要産業は、紡績・製糸・織物をはじめとする繊維工業であったが、女工はその中核的な担い手であった。一九〇〇年代当初の段階で女子労働者は主要工場労働者数の六割を越え、繊維工業では全体の八割から九割を占めていた。

女子労働者をめぐる考察や研究は、長い間「女工哀史」イメージの影響下にあったといえるが、一九九〇年代以降そうした視点の見直しが進むようになった[1]。女工募集や女工登録制度に関する新しい実証研究は、前近代的で抑圧的と見られたこれらの制度が、家族や女子労働者自身の要求に基づいて運用されていた面を明らかにした[2]。また、労働運動や女子労働者の意識に関する研究は、経営の論理に抵抗する彼女たちの姿を具体的に描いている[3]。しかし、なお女子労働者に向ける多くの研究者の関心は、女子労働者をめぐる労働環境や制度とそれへの対抗といった局面に限定されているといえよう。本章で考察しようとする女工に対する蔑視や差別の問題については、その事実自体は認められながらも、正面から検討の対象にされることはほとんどなかった[4]。

「女工」と呼ばれた女子労働者たちは、近代日本の社会の中でどのような存在として見られ、何ゆえに蔑視の対象にされたのか、そしてその見方はどのように変わったのか。このような筆者の関心は、近代日本の社会の側にある。これらの問いを追究するにあたって筆者が注目するのは、女工という存在が語られる際に、必ずといってよいほどそこに性にかかわる言説がまとわりついており、女工がセクシュアルなまなざしにさらされていたということである。前述のような女子労働者を対象とした研究では、全くと言ってよいほど視野から外されていた事柄である。

フェミニズムは、男性優位社会において女性が「聖女」と「娼婦」とに分断されることを指摘するが、近代における女性差別・蔑視を考察する場合、セクシュアリティのもつ意味は無視できない[5]。国民国家の要請のもとで良妻賢母主義が称揚される一方で、そのネガには娼婦が位置した。女工に対しては、肉体労働を下位におく見方とともに、娼婦に近い存在としてセクシュアリティを問題視するまなざしが加わり、蔑視が生まれたのではないか。ここではそのような視点から、女工をめぐるセクシュアリティにかかわる言説に照準を合わせて考察していこうとするものである。

まず取り上げるのは、世紀転換期を起点に第一次世界大戦を経て登場し、一九二〇年代に本格的な実施に及ぶようになる社会政策・労務管理論である。議論の中でどのように女工が論じられ、またその議論がどのような形で政策化されたのかを見ていく。次に、そのうえで女子労働者たちがどのように社会的な発言を行っていくのか、労働組合婦人部の機関誌を素材に、彼女たち自身が身につけようとした道徳や規範の問題を含めて検証していくこととする。

一　社会問題と女工

一九世紀末に産業革命を迎えた日本では、「社会問題」についての活発な議論が起っていた。一八九六（明治二九）年に桑田熊蔵、山崎覚次郎、小野塚喜平次らは社会問題の研究会を発足させ、一八九八年には横山源之助により『日本の下層社会』が刊行されている。そこで論議された社会問題の焦点は、「下層人民」すなわち職工や都市貧民にあった。『日本の下層社会』序文で、日野資秀は次のように書いている。「社会問題とは何ぞや。即ち下層人民問題なり」、「一国生産力の主動力たる下層社会の状態を改良進捗せしめざれば国民の幸福得て望むべからず(6)」。日清戦後経営期であった当時、国力増強は至上命題であったといえるが、著者である横山自身も、「下層社会」の「改良」を「一国生産力」の問題として考えていたことが見てとれる。国力増強のために下層人民を放置せず何らかの対策を行う必要があるという認識は、社会問題に対処する政策立案を促すこととなった。一方、一八九七（明治三〇）年の労働組合期成会の結成に見られるように、社会問題である「職工問題」を自らの手で解決することを目的とした労働組合運動もはじまっていた。その運動は男子職工たちの手によるものであった。

まず、このように社会問題が焦点化した世紀転換期の時期に、下層人民の一員であった女工に対してはどのようなまなざしが注がれていたのか、見ていくこととする。

1 『職工事情』

日本において、工場労働者保護にかかわる工場法制定に向けての準備が始められるのは、一九世紀末の時期である。ドイツおよびイギリスに留学した東京帝国大学教授・金井延《のぶる》は、帰国後に桑田熊蔵や山崎覚次郎らが行っていた社会問題の研究会に加わり、一八九七年にドイツの社会政策をモデルとして社会政策学会を創立した。社会政策学会が目前の課題としたのが、工場法制定であった。一方、農商務省商工局も、すでに工場法を視野に入れて一八九五（明治二八）年から各地の工場視察を開始しており、その工場視察の結果は一九〇二年に『職工事情』(7)にまとめられた。工場法制定時に女工がどのように見られていたのか、まず『職工事情』の中の女工に関する記述を取り上げよう。

『職工事情』には、綿糸紡績・生糸・織物を筆頭に産業別工場が網羅され、「職工の種類」「労働時間」「雇用」「衛生」「風紀」「教育・慈善施設」等々の項が立てられている。女工への言及で注目されるのは、衛生・風紀の箇所での詳細な記述である。衛生の項では、病気ことに結核の蔓延が憂慮されるが、工場の環境のみならず、女工自身に衛生観念が欠如しているとの指摘もある。「普通教育をさえ受けたる者少なく、加之細民の子女なるが故に衛生の何物たるを知らず、衣服住居の清潔を保つことを忘れ、その常食の粗悪なるが上に時々買いぐいをなしては消化器を害し(8)」と、無教育のために、不潔で衣食住への配慮がないことが述べられる。

さらに比重が置かれるのは風紀に関してであり、女工の「風紀紊乱」が次のように指摘される。「紡績女工の風紀の現状について蒐集せる材料少なからざるも、卑猥これを筆にするに堪えざるものあり。そもそも女工就中他地方出稼ぎ女工の風紀正しからざることは世間一般の認むる所たり」と。ここで「卑猥」と称し槍玉に挙げられるのはどのようなことか、本書に紹介される談話の例を次に挙げておく(9)。「○『工場で男と女の世話をする者があるか』□『ある、あの人を取り持ってくれという』、○『何処で男に合うか』□『待合が沢山ある、また男の下宿に行くこともある』、○『工女の内で淫売をする者はないか』□『淫売ということはないが男工ばかり沢山泊り居る下宿屋という所へ泊まりに行く者もある』」(筆者注――○は調査員、□は工女)。

女工に対する質問は、男性との付き合い特に性的関係に集中する。異性と関係をもつこと自体が、

「風紀紊乱」として問題視され、女工の堕落の事例が語られた。「彼ら一旦堕落の淵に沈みたる以上は工場生活は物憂きこととなし」、「ついに無頼漢の巣窟に陥り、あるいは飴売りほうかい節の連中に加わり、あるいは淫売婦、娼妓等となるものあり」(10)。ここには、行商人、芸人、娼婦を社会からの脱落者と見るまなざしとともに、女工はその脱落者の列に加わりやすいと見られていたことがわかる。

このように女工のセクシュアリティをめぐる事柄は、勤勉の気風を損ない工場の生産に影響を及ぼすと同時に、社会一般の風紀に悪影響を及ぼすとして社会問題視されていたのである。明治政府が文明開化政策の中で民衆の性文化を問題視し、管理を強めていくことは明らかにされているが(11)、工場法をはじめとする社会政策が始められる過程で、さらに性は問題としてクローズアップされ、それを通じて女性の身体への監視や管理は一層強められたといえる。女工は、まさにそのターゲットであった。

2　『日本の下層社会』

農商務省の工場調査に嘱託として起用されていた横山源之助が著した『日本の下層社会』(一八九八年)は、現在においても「わが国産業革命期における、新旧下層各層の生活・労働状態を、客観的かつ綜合的にあきらかにした社会学の古典(12)」と高い評価を得ているルポルタージュである。

女工に関する基本的認識は『職工事情』と共通しているが、さらに具体的な記述が見られる。織物女工の風俗に関する項では、まず「郷を去りて〔中略〕五年六年に及べるは殆ど父母を忘れ、姉妹を忘れ、目前の快楽に耽りて顧みざるなり。世人はかれらの風俗を知れりや」と注意が喚起される。続いて「風俗の乱れ居る(13)」例として、新聞記事を基にした次のような記述がある。「女工場寄宿舎には取締りなきより夜間などは一名も内に居る者なく、二百に近き女工は男職工の手を取りて終夜路傍に戯るもあれば、近傍の若連中を相手にじゃらつくもあるより、農家の婦女子らもこれを見習うて狂い廻るなど一見嘔吐を催し来るほどなりと(14)」。

また紡績工場内で「男工と女工との間に種々の醜聞起る」ことについても、具体的に触れている(15)。「月の賃銀を、故郷の事も忘れ嫁入仕度という大事も忘れて男のために徒費するもあり、男と図りて虚偽の電報を作り工場を逃亡するもあり、あるいは三人五人組合をなし男妾を飼いおれりという風聞さえあり」と、女工の姿が描かれる。また「男工・女工、正式の媒介者を得て夫婦となるは殆んどなく、会社は黙認して一定の場所に置く」という例を挙げるように、正規の手続きを踏まない婚姻関係も「私通」として醜聞と見なされた。

横山が指摘する女工の「風紀紊乱」とは、女工が正規の法的結婚によらず異性と性的関係をもつこと全般を指すものである。さらに「その地方の者は、身を工女の群に入るるを以て茶屋女と一般、堕落の境に陥る者となす(16)」といった表現のように、『職工事情』と同様、女工を堕落すなわち娼婦と結びつける視点も出されている。

下層貧民の実態を世に問い、彼らの救済を通じて社会問題の解決を図ることが急務であると認識する横山は、「貧民は経済上の欠乏者たるとともに智識・道徳の欠乏者なり[17]」とも述べている。こうした考えをもつ横山が、女工を道徳の欠落者ととらえ、セクシュアリティを問題視しその矯正を意図していたことは間違いないだろう。

一方、労働者自身の自覚や行動によって労働問題を解決しようとする労働組合運動が開始されたのもこの時期である。一八九七（明治三〇）年には、職工義友会（のち労働組合期成会）が結成され、当初は横山も関与した。同会機関誌『労働世界』や『社会新聞』は、盛んに職工に対して「労働者」としての自覚を呼びかけた。しかしながら、ここでの呼びかけの主体が男子で、そこには強固な性別分業観念があらわになっていたことは、すでに三宅義子や鈴木裕子によって明快に論じられている[18]。次に、とりわけ注目すべき点を挙げておきたい。

運動を呼びかける文には、次のような言葉がある。「今日職工の生気地《ママ》なく卑劣に陥り、昔日の気概なく固有の侠義を失ふに至りたるも、女工が男工の領分を蚕食しつつあるが為めなり[19]」。男工の階級的自立と組合への団結を呼びかける彼らにとって、女工は、気概や侠義といった「男らしさ」を阻害する邪魔者にほかならなかったのである。また『社会新聞』は工場法案についての論評の中で、「自立の能力をもたない幼者や女子を虐待し産業の犠牲にするのは人情忍びない」と述べる。「一人前の力をもたず」「他人に頼らなければ自分の人権を保護することができない」女子どもの保護のために、義侠的精神をもつ男子労働者が工場法成立に向けて力を尽くすべきだとの議論を提起するのである[20]。このようにマスキュリニティが顕示され、男子労働者のホモソーシャルな連帯が呼びかけられるなか、女子労働者は男子労働者とは明確に区別され、排除もしくは保護の対象としてのみ位置づけられたことがわかる。

以上から当時の女工は、工場法などの社会政策の対象とされると同時に、道徳的な教化が必要な存在と見なされ、また、労働運動に立ち上がろうとする男子労働者からも疎外され他者化される存在であったことが明らかである。

二　職工問題と女工

1　工場法の制定

工場労働者の保護にかかわる法律として、欧米とりわけドイツにおける社会政策が参考にされながら日本で最初に制定されたものが、一九一一（明治四四）年に成立した工場法である。工場法の施行には猶予期間が設けられ、五年後とされ、深夜業禁止等にはさらに十五年間の猶予が設けられた。

工場法において保護の対象とされたのは、十五歳未満の者と女子であった。労働者保護政策として高く評価されてきた工場法は、近年では「労働者のジェンダー化」という視点からとらえ直されるようになっている。[21] 労働者のジェンダー化は、法制定を進めた社会政策学会での議論からも明らかである。一九〇七（明治四〇）年に開かれた社会政策学会第一回大会では工場法の内容が議論されたが、そこで次のような見解が提起されていることに注意したい。法学者・桑田熊蔵は法制定の理由として、「独立の意思を表示する事が出来ませぬ」「婦女幼者」を、「工場主に対して自己の要求を強硬に主張し得られる」「成年男工」と区別し、前者のための公的保護の必要を述べる。(22) 女工は、幼者とともに、自己の要求を主張し得る自立した一人前の労働者、という基準に満たない者と見なされたのである。

さらに法制定の根拠として、前章で問題としたような風紀問題が大きく取り上げられていることにも注意したい。工場法制定に最も積極的であった金井延は、「立法の問題と云ふものは言ふまでもなく実に経済上、社会上重大なる問題」と延べる。(23)「工場労働の害悪」には「公安の妨になるべきものがあり、又個人並に公衆衛生の害たるべきものがあり、それから又或は国民教育上の弊たるべきものがあり、或は又善良なる風俗を紊乱するの虞れあるものがあり、或は社会経済上の故障を来たすべきものもある」と、金井は指摘する。まさに、工場法は社会問題対策上の観点からも重視されていたのである。ここでの「善良なる風俗を紊乱するの虞《おそ》れ」とは、女工を念頭においたものであることは間違いない。

同様の指摘は、岡実《みのる》『工場法論』にも見られる。岡は、「工場法制定ノ根拠」についての章で、まず「肺結核罹病率高キコト」を筆頭とする健康障害を挙げるが、それに次いで論ずるのが風紀である。「寄宿舎ニ寄宿スル工女ノ風紀ハ、概シテ紊乱セルガ如シ」と断じ、「職工徒弟ノ風紀ハ延テ地方一般ノ風紀ヲ紊ルノ事実アルハ、工業ノ隆盛ナル地方ニ於テ往々之ヲ認ムル所ニシテ亦甚憂フベキモノトス」[24]と述べられる。女工の「風紀紊乱」が地方一般に及ぼす「憂フベキ」影響を、工場法制定の根拠の一つに挙げていることが確認されよう。

2　労務管理論と女工

社会問題としての職工問題への対策の動きは、行政レベルにとどまらない。次に、職工問題に対する工場側からの積極的な取り組みを提唱していた宇野利右衛門を取り上げ、彼の提言の中での女工観を見ていきたい。当時、工業教育会を組織し労務問題の啓蒙に力を入れていた宇野は、日本的労使関係の形成に大きな影響を与えたと評価される人物である[25]。

まず宇野は一九一二（大正元）年に、「職工問題上の唯一の規範」と謳う『職工問題資料』[26]を著した。ここでまず彼は、日本の職工問題の核心は「職工の劣等な事」にあり、何よりも「先づ第一に工場労働者を善くする事」を課題と唱える。宇野の念頭にあったのは、「総数の百分の六十五強」を占める女工の問題である。では、宇野は女工をどのように問題にしたのだろう。彼は、工場労働が職工に及ぼす「害毒」として、「身体に及ぼす害毒」とともに「品性の上に及ぼす害毒」を挙げる。とりわけ重大視されたのは、「男女間の悪風儀は彼等を淫風に誘惑する事」つまり性的行動の問題であった。寄宿舎生活はこの悪風を助長するものにほかならず、次のような指摘がなされる。「女工寄宿舎なるものは、丁度高圧の電気の蓄積され居る様なもので、異性に対する一種の恐るべき力を有つて居るのである。〔中略〕世の中の人が悉く聖人ならぬ限りは、茲《ここ》に罪悪の基の起らない筈は無いのである」、「工場の付近には是等の色と欲とに引寄せらるる悪魔、色餓鬼の多くが充満して居て〔中略〕彼等を誘惑し堕落せしめんとしてあらゆる手段を尽しつつある」[27]。宇野は、女工の集団をまさに性的存在ととらえて、対策を講ずる必要を唱えたのである。

このような女工観から導き出される彼の労務管理論は、性的管理の面が色濃くならざるを得ない。女子労働者に対する労務管理策として、婦人会の設置や訓話を行うことなどとともに、「外部の男子の誘惑に依る堕落を防ぐ方法としては、一般に、外出の制限、即ち女工を寄宿舎の門から出さない様に制限する」[28]、「男工と女工との間の正しかるべき事は平素喧しく警戒論告し」「悪事を続行しつつあるものは、最後の罰に処する」といった「厳重なる制裁法」[29]の励行が提唱される。女工の拘束や規則違反に対する厳しい懲罰は、こうした性的管理の観点から正当化されるのである。

その後、宇野は一九一五年に『職工優遇論』を著す。そこでは、「(工場主は) 社宅在住者若しくは通勤者を主とする正当の制度を採用して、一、男女の甚だしき不権衡を改め、二、相当年齢の者を使用し、三、寄宿舎制度を縮少する等の事を実行する」といった新たな提案も見られる[30]。職工問題の解決のためには、工場職工の男女構成そのものの改編を必要とする認識に進んだものと見られる。新提案での女工の割合や寄宿舎の縮小などの根拠には、女工を風紀問題視する見方が存在していたといえよう。

3 友愛会と女工

一九一二（大正元）年、労働者自身による職工問題の解決を目指して友愛会が旗揚げされた。会長の鈴木文治をはじめ、顧問・評議員には当時社会政策に着手していた有力学者たちが名を連ねていた。会の目的は労働者の地位の改善にあり、「徳性（道徳品性）の涵養」はその手段として特に重視された。[31] 友愛会の会員は男子労働者とされた。翌年より女子にも准会員の資格を認めたが、中心はあくまでも男子であった。機関誌『友愛新報』で「先づ実力を養へ」と説かれる時、「我等を軽侮するものあらば其時こそ、男子の真骨頂を発揮すべき[32]」などと表現されることからも、それは明らかである。

友愛会は、決して女子を無視したわけではない。友愛会は、女子に対して、一人前の労働者としての男子とは異なる別の場所と言葉を用意したのである。一九一六年六月、会長である鈴木文治の発意により友愛会婦人部が設立された。鈴木の婦人部設立の意図は、機関誌『友愛婦人』巻頭論説「真の女の踏み行く道」に次のように明確に示されていた。「如何に偉い男の人でも男ばかりでは何事も出来るものではありませぬ。何うしても女が内から助けなければ十分な成功は得られません」、「内にちゃんとした覚悟と能力があつて、しかも外はやさしく柔和に立派に男を慰めもし、励ましもして行くところに、まことの女の値打があるのです[33]」。つまり、鈴木が女性に期待したのは、自立を遂げようとする男子労働者を「内から助ける」役割なのである。その後も毎号のように掲載される鈴木の論説には、「良き妻、賢い母として是非共読み書き十呂盤《そろばん》、さては世間のこともあらましは心得て欲しいと思ひます[34]」、「どうぞ立派な内助の人となつて下さい[35]」といった良妻賢母を奨励する言葉がちりばめられていた。

だが現実には、娼婦に近い存在と見られていた女工と良妻賢母との間には大きな距離がある。平澤計七が「女工さんのいじけた心に尊い自覚の火を灯してやらねばならん[36]」と語るように、先決問題は現実の女子労働者の意識の矯正と考えられた。同誌ではさまざまな注意や説教を掲載しているが、中でも際立っているのは、風紀問題への言及の多さである。警視庁警部補は「不良少年の好手段にかかるな」と呼びかける文の中で、「中流以下の家庭の娘達は平生様々な悪風を見馴れて居ますから、不良少年などに出会つて平気ではねつける事があるが、又時によると平気で応ずるといふ恐ろしい事が時々あるので困ります[37]」。また「お互ひに尊敬せよ」と説く論者は次のように書く。「今頃の新聞や雑誌を見ると、男女一所に働く工場から誠に遺憾千万な事が仕出かされるといふ事がちよいちよい書いてあります。〔中略〕そんな事の出来る原因は何かといふと他でもない〔中略〕お互に尊敬仕合つて礼儀を守るやうに仕ないからです[38]」。道徳を説く主眼は、「風紀紊乱」つまり女工のふしだらな異性関係の矯正にあったのである。

『友愛婦人』常連執筆者の油谷治郎七は、「純潔」つまり貞操の大切さをストレートに説く。「純潔とは男女間の潔き操を云ふのです。婦人の生命ともいふべきは其貞操であります。正当の方法を以て結婚するにあらずば決して指一本も身に触れさせせじと身を純潔に保つは大切であります。女子が家庭の外に出でて働くに当つて尤も危険なるは浮気な男子の誘惑であります。一度び甘言に欺かれて身を汚さば、一生拭ひがたき恥辱と苦痛と迷惑とを惹き起すのであります」と。「家庭の外に出て働く」彼女たちに対して、貞操の価値を懇々と述べるのである。[39]「正当の方法」による結婚以外の異性関係を「風紀紊乱」につながるとして問題視し、女工のセクシュアリティに貞操という枠組みを課そうとしたのである。

純潔とは対極の堕落の象徴として引き出されるのが娼婦である。「女として堕ち沈まれるだけ沈んで仕舞つた彼等程気の毒なものがありませうか。〔中略〕恥辱と罪と悪のなかにもまれぬいた彼等の頭には、人前だの恥羞だのといふものは全くありません」[40]。「醜業婦なんかになるやうな女は大概仕事嫌ひの婦人です。〔中略〕不心得な婦人はその末路も憐れなものでございます」[41]。「気の毒な」「憐れな」娼婦を戒めの対象として挙げるが、同時に、羞恥心がなく怠惰で虚栄心が強いなど、娼婦を道徳的な欠陥者と見なす差別的な認識が強調されていた。

他方、『友愛婦人』には、女工に誇りを持たせるための論説も用意された。「日本の国を富ます進歩は、毎日あなた方のやさしい指先から生みだされていきます」、「自分一人でも食べていける、国のために働く、こんな誇りが他にあるでしょうか」と、「国のため」に働く女工を称える文章も見られる。[42]こうした言説が女子労働者自身の自覚を促した面は、確かにあっただろう。だが、あくまでも婦人部を通して女子労働者に期待した役割は、男子労働者を支える健全なパートナーたることにあった。「一人前」の自立した労働者の育成を目指す友愛会と婦人部の役割には、大きなジェンダー格差が存在していたことは明らかである。

三　「女工」観の再編

第一次世界大戦後、女子労働者をめぐる状況には大きな変化が生まれる。第一は、日本国内の社会政策の進展である。一九一九（大正八）年のヴェルサイユ条約中の「労働」条項（「国際労働規約」）に見られるように労働者保護の国際的規準が明文化され、日本にもその規準に近づく努力が要請されたことによるものである（第6章を参照）。第二は、労働組合運動の急激な高揚の中で、啓蒙の対象に過ぎなかった女子労働者自身による主体的な動きが起こされることである。以下、これらの動向の中での「女工」観の変容や彼女たち自身の認識について見ていきたい。

1　社会政策論者の「女工」観

新たな国際情勢のなかで、国際規準に見合う社会政策を日本に導入することが不可欠となるなかで、一九二一（大正一〇）年、内務省には社会政策の立案・推進のための部局として社会局が置かれた。社会局では工場法改正の準備が進められていくが、そこで主眼とされたのは女子労働者の問題であった。一九二〇年代には工場法改正とともに女子労働者に対する政策は、急速に進展をみることとなる。一九二六（大正一五）年に幼年労働者と女子の鉱山坑内労働及び深夜業禁止を中心とする工場法改正案が成立、三年後の実施が決定された。まず、そこで法改正に影響をもった社会政策学者たちの「女工」観が従来のものとはどう違うのか、検討しよう。

阿部秀助は、社会政策が女工を対象とするのは「団結をもって資本に反抗する労働者階級なるものが形づくられない」ためと述べる。[43] 女工を階級的団結が困難な弱者ととらえるのである。また「女工の精神の開発」すなわち「道徳的、倫理的行為の取り締まり」も重要事項と見なしていた。女工を弱者と見、矯正の対象ととらえるこうした見方は、従来の観点を引き継ぐものであった。一方、新たに強調されたのは、次のような論点である。まず家庭が強調される。阿部は「家庭と云ふものは、人類社会が産み出したあらゆる組織の中で文化的価値の最も多いもの」と述べ、女工を未婚と既婚とに分けた方策を提言する。未婚の女工は「終生其工場に働いて居るものではなく、軈《やが》ては人の妻となり母となる運命を有つて居るもの」とされ、「可憐なる労働者の精神に就て十分なる方法を講ずる」と修養の重視が説かれる。他方既婚者に対しては「ハーフウオーク、半休労働をやらせる」など、家庭責任と労働を両立させる方策が提案される。

広瀬芳蔵は、女子労働者の著しい増加により「婦人の労働による弊害も亦甚だし」くなると指摘する。[44]「既婚婦人が労働生活をする結果は家庭を充分に治める事が出来ない。幼少の児童の教育は母によるのが便利であり、又効果も一番多いのであるがそれも出来ない。又結婚後の最大の義務とも称すべき夫に仕へる義務を果すことが困難となり、夫に家庭の悦楽を味はせる事が不可能である」。工場労働のために良妻賢母の役割が果たせないことを問題にするのである。さらに母性を問題に据える。既婚女性の長時間労働には、不妊症や流産、死産の危険があり、「不健康な母体より生れた第二の国民たる児童はあまり健康でない」、さらに「(子供が) 足手纏ひになつて働く事が出来なくなるといふやうな考へから、避妊法を講じたり、堕胎等を行ふものがあつて国家の将来を危うからしめる」と指摘する。未婚女性の長時間労働も「結婚、産児の機能を失ふに至らしめる恐れがある」とし「子宮病、不妊症」の多いことを挙げる。母性機能の欠落を労働の弊害として問題としたのである。

社会政策の対象単位として家庭を重視し、中産階級以下の女性にも家庭における役割を果たさせようとする発想は官僚にも見られる。「私は婦人を家庭に於ける母とし妻としての使命を最も重く考へて居る」と述べる内務省社会局長・田子一民は、職業婦人を批判する一方で工場労働に従事する女性について次のように述べる。「いかにも悲惨な立場にあるのもので、これは生活難から来る止むなき悪事であると謂はねばならぬ」、「生活難から来る婦人職業に就いては、私は労働法規の完成を希つて止まない」。女子の工場労働を、家庭での「女子本来の職分」から外れた生活難に由来する「止むなき悪事」とみなし、それを抑えるために社会政策が必要との認識を示すのである。[45]

第一次大戦後には、このように女工を娼婦と重ねながら性的存在として見る視線は消えた訳ではないが、新たに女工に良妻賢母役割や母性を求めるまなざしが強まったといえる。

2　『女工哀史』

細井和喜蔵著『女工哀史』は、一九二五(大正一四)年の出版当時大きな反響を呼んだだけでなく現代に至るまで読み継がれており、人々の「女工」観に与えた影響は小さくない。彼の描く女工の姿を、工場法制定の当時に『職工事情』等で描かれた女工像と比較して検討していこう。

細井は、序文で「自らの体を損ね、犠牲的に社会の基礎となり、黙々と愛の生産にいそしんでいる『人類の母』[46]」と、女工の自己犠牲的な姿を「母」にたとえて称賛する。一方、「女工の心理」の章で「女工の恋愛観」や「貞操について」の項を立てたように、女工のセクシュアリティには強い関心を向けていた。だが、そこで見られる「女工」観には以前のものから変化が見られる。

細井は、女工の異性との性関係のふしだらさを否定し、「恋愛に対して大変真面目」と指摘する。ただしそれは「無知な者ほど本能が働く」ためとされ、女工の心理については「無意識なる処により正しさがあり、彼女たち特有の心理的性質が存する」と表現される[47]。「貞操について」の項では、「世人は一般に女工といえば、貞操観念など更にない破廉恥な女だと思っている」としたうえで「女工とはこれほど貞操観念の乏しいものであろうか？　女工とはかく淫蕩な婦人たちの群れだろうか？」と問う。「私はそう考えない」と細井は続ける。細井は、公娼の一一パーセントが紡績女工出身という統計を挙げ「堕落」の事実を指摘する。ただし、それは彼女たち自身の貞操観念に問題があるのではなく、「罪は多く不徳な男工を始め工場監督づらして威張っている彼女の隣りなる男性にある」とし、「女工の堕落は必ず他動的なものが多い」と説明するのである[48]。

このように女工の純粋さを強調する細井の視線は、一人前に満たない未熟な子どもに向けるまなざしと同質のものといえる。それは女子労働者たちの労働運動に対する冷笑にもつながる。「女工のストライキがあたかも恋人に駄々をこねるごとく、極めて幼稚なることは賀川豊彦もその著『貧民心理の研究』において述べておられるが、まことに彼女たちの争議は皆目労働条件に触れず、文化的意義をもたぬのである」と断言する。[49] 女子労働者たちによる争議を真っ当な社会運動とはとらえていないのである。

他方、「変則な生活が変態心理者をも多く作り出す」と、次のような例を挙げ女工たちのセクシュアリティを病的なものととらえる点も無視できない。[50] まず「三十路を越えて爛熟の極に達した中年婦人が、未婚のままで寄宿舎にかなりいる」ことを挙げる。彼女たち未婚女性は「中性的心理」をもつようになった「人造人間」にたとえられ、次のように表現される。「実に我ら労働者は人間本然の欲求である性慾すらも、権門勢家のために略掠されているのだ。〔中略〕ああ！　憎むべき資本主義は遂に人間を昆虫へまで引き下げた」。また、「自由に異性と相対的恋愛を構成する権利と機会を喪失した女工たちの間には、同性愛の変態現象がよくあ」り「概して極端な肉的行動に及ぶ」と指摘し、同性愛を問題視する。さらに「手淫症」についても具体的な例を挙げ、「その割合が一般婦人に比較して高い」ことが医師の言葉を借りて問題とされる。これらの傾向は、異性との健全な関係を欠くゆえに生じる変態病理と定義づけられたのである。また、不妊症や流産・死産、女工の児童に低能児や奇形児が多い点などについて詳細なデータを伴う記述がある。

細井のセクシュアリティ認識とは、異性を対象とする性慾、恋愛、結婚、そして母性を、人間的で健全なセクシュアリティととらえるものである。[51] こうした認識をもつ彼の「女工」観は、恋愛や母性の尊重の反面、非婚や同性愛等を病的な現象と見なすものとなる。この時期、異性との関係は恋愛の名の下に容認される反面、新たな偏見が生まれつつあった点にも目を向けておきたい。

3　労働組合運動と女工

第一次世界大戦後には階級闘争主義を掲げる労働組合運動が高まりを見せたが、労働組合の全国組織である一九二一（大正一〇）年の日本労働総同盟の結成は、そうした運動の高揚を象徴するものであった。当初の総同盟に婦人部は置かれなかったが、女子労働者の問題は機関誌『労働』誌上などで取り上げられた。同誌には「製糸女工の闇黒生活」(52)と題する記事があるが、そこで記者は「可憐なる女工達は幾度資本家の横暴虐待に人に知れぬ涙を流したであらう」と書き、悲惨な女工の境遇への注意を喚起する。「女工生活の悲惨」の記事には、「女工の八割以上は病者」という指摘とともに、「製糸場の風紀紊乱は既に定評がある」など、以前と同様「風紀紊乱」の指摘も見られた。だが、それよりむしろここでの主眼は、男子組合員を対象に、「妙齢の子女の肉体と精神を蹂躙」する悪辣な資本家に抗し、か弱き女工たちの救済者として立ち上がることを呼びかける点にあったといえる。

一九二五（大正一四）年にそれまで時期尚早とされていた婦人部の設立が決定され、「夜業禁止請願運動」が取り組まれることとなったが、初代婦人部長は男の松岡駒吉であった。松岡は運動に際して、「婦人労働者は、今日、自らの力を以て自己の運命を開拓するには困難なる立場にあり、今日の男子の組合員諸君が此の方面に充分の努力をするに非ずんば、日本に於ける労働運動の進展は見られないだらう」[53]と述べる。「女工」という言葉は次第に退けられていくが、自力では状況を打開できない女子労働者とそれを救い指導する男子組合員という図式は、二〇年代半ばに至っても組合の中で依然として健在だったことがわかる。

こうした見方に真っ向から対決したのは、一九二〇年代後半より盛んになる女性労働組合運動である。一九二七（昭和二）年に赤松明子・常子らの手で結成された労働婦人連盟は、その嚆矢といえよう。赤松常子は二五年より総同盟婦人部に入っていたが、婦人部機関誌『労働婦人』を創刊し女子労働者への働きかけを強めていく。以下では、『労働婦人』の論調をもとに、女子労働者たち自身がどのように既存の「女工」観を塗り替えようとしていたのか、見ていきたい。

一九二七年一〇月の『労働婦人』創刊号は、冒頭に「労働婦人の覚悟」[54]と題する文章を掲げ、「婦人労働者の解放は結局婦人労働者自身の力によらなければならない」、「私達自覚した婦人労働者は、これから後は決して男の人にのみ頼って居てはなりません」と述べる。男子組合員に依存する運動を拒否し、女子労働者自身による運動を宣言したのである。それに呼応して「私達は女工女工と私達を賤しめて居るものに向つて、ほんとに私達の力を見せてやらねばなりません。〔中略〕私達は早く私達の労働婦人として立派な位置を社会から認めさせなければなりません」[55]との声も挙がった。女子労働者が「女工」という呼び名に示される蔑視に抗して立ち上がったのは、まさにこの時期であった。その運動は、一九一〇年代半ばに人格承認を求めて立ち上がった男子労働者たちとは時間的なズレがあった。のみならず、「私達は女工として賎しめられる許りではありません。婦人として社会一般の男子の方から差別をつけられて居ります」と、「女工」としての蔑視と女性であるがゆえの差別という二重の差別との対決が意識されねばならなかったのである。

女子労働者の主体性を重視する同誌は、読者すなわち女子労働者たちの投稿を多く掲載したが、そこには蔑視に抗して、自らの誇りを語る言葉があふれている。「昔から紡績女工と云つたら女でない様に云はれましたが、実は労働婦人として立つている立派な人間であります[56]」、「小さな時から搾取に搾取され窮乏と苦痛の中に、手に汗をして日常の糧を闘つて来たのだ。労働婦人である自分の立場をはつきり認識しなければならない[57]」。ここで「女工」の代わりに示される「労働婦人」という自称には、彼女たちの強いプライドをうかがうことができる。

では、こうした「労働婦人」としての誇りを支えたものは何だったか。まず、彼女たちの投稿の中では、「ブルジョア」や「女学生」に対する反発や嫌悪がしばしば見られる[58]。電車の中で女学生の集団に会って目を伏せる女子労働者の姿を目の当たりにした縫工組合の金子孝は、女学生を「世の中の何処に不幸や悲しみや貧乏があるか考へても見ない人達」と批判し、「同志よ、悲しんではいけない。労働者は社会にとつて一番尊いのだ。今に私達の幸福な世の中になるのですからね」という慰めの言葉を用意する[59]。紡織沼津支部の市川あきは、女学校に通うラケットを小脇にかかえた小学校時代の同級生と出会った時のことを主題にし、「女学校の制服や踵の高い靴」への憧れも隠さないが、最後には「あきらめて本当に正しい労働生活を送りませうね」という言葉で締めくくる[60]。

同世代の女学生との対比の中で、労働する自らの誇りを確認するのである。

女子労働者を、社会の「母」や母性に象徴させることも行われた。一九二七年度の総同盟大会では、授乳する労働婦人の姿をモチーフとした代議員章が作られている（第6章図6－2参照）。赤松常子はこのモチーフに触れ、「産業の母なる婦人労働者よ。新しき社会に嬰児を捧ぐる尊き母よ。輝かしき光明にその面をあげよ[61]」と呼びかける。生産労働に携わる女子労働者を子を産む母に重ね合わせ、社会的な尊さが称えられるのである。女子労働者を母性的存在として強調することは、前述のように社会的にも母性重視傾向が強まる当該期において、「風紀紊乱」イメージを払拭し、社会的な認知を得るための有効な手段になったと考えられよう。

さらに『労働婦人』は、従来の「女工」像を塗り替えるため、「労働婦人」の新しい道徳を提唱する。その際まず槍玉に挙げられたのは、モダンガールやモダンボーイなどの「新奇な風俗」ばかりを扱う活動映画や婦人雑誌であった。同誌は活動映画について、「資本主義謳歌」が見られ「人の射幸心をそそる」ため、「真面目な労働に依つて人生を力強く生活苦と闘ひ組合運動をやる気持を失して」しまうものと批判する。またそこで描かれる空想的恋愛の影響を受けると「無思慮の恋愛で取り返しのつかない失敗をする人」が現れ、「結婚に対する悪影響」が出るとも述べる[62]。婦人雑誌には、一層声高な批判がなされる。「何等解放された勤労階級婦人の姿、搾取なき万人平等の理想社会の縮図といつたやうな本当に生き生きとした健全な場面はどこにも見当らない」と。また「いまはしい内容が露骨に盛られた〔中略〕記事は未婚の処女や貞淑な主婦に恐るべき悪結果をもたらしている」として、「官憲を鞭撻し風教紊乱的な記事の取締りを厳重にせしむること」の提案にまで及んだ[63]。攻撃対象は、メディアが流布する労働の軽視と恋愛や性の取り上げ方にあった。

では、こうした「新奇な風俗」に対抗する労働婦人の道徳とはどのようなものか。同誌は「働く婦人の恋愛と結婚」のテーマの下に教育者・河崎ナツ子の意見を載せている。まず「若い女性にとつて、恋愛と結婚はどうしてもくぐらねばならぬ関門、一つの関所です」と注意を促す。さらに、恋愛を遊戯とする「ブルジヨア有閑階級」の行うような「モダンな恋愛」を笑止千万と切り捨て、「新興階級の新らしい恋愛道徳」について次のように述べる[64]。「金とか位置とかを中心にしないで御互ひに体が健康で本気に働いている人、自己一人のみでなく同じ仲間みんなをよくする為に勇敢に闘つている人〔中略〕そう云ふ人を見出す眼を自分で養つて貰ひたいのです」、「何卒恋愛も結婚も、自己に忠実であると同時にそれを発足点として社会にも忠実であるやうに生長して行くべきで、これが新興階級の新しい生き方であらふと思ふのです」。「新らしい恋愛道徳」とは、勤労の精神と社会への「忠実さ」を原点におくものとされる。また「堂々とまじめに恋愛の関門をきりぬけ、次いで結婚へと生かしてください。そこには新らしい母として貴方を要求する職分がひろげられて行くでせう」と述べるように、まじめな本当の恋愛は、次の段階である結婚に進み、さらに母としての役割に生かされるべきことが説かれたのである。

「新興階級の新らしい道徳」とは、勤労や社会と恋愛・結婚を一体のものとして結びつけようとするものであった。従来女子労働者のセクシュアリティが管理や矯正の対象とされたことは前述のとおりであるが、蔑視を払拭しようとする女子労働者たちは、恋愛や結婚についての新しい道徳を構想したのである。だが、ここで対抗相手にあげられたのは、労働に従事せず結婚に結びつかない恋愛を楽しむモダンガールや女学生であった。労働婦人の新しい道徳は、両性間の権力関係自体を問うには至らないまま、既存の結婚制度を前提とし、現実の「良妻賢母」モデルとも大きな齟齬を来すことなく受容されていったのではないだろうか。

おわりに

産業革命期を迎えた一九世紀末の日本において、一国の生産力にかかわる問題として、工場で働く労働者の処遇に目を向ける「職工問題」が浮上した。職工のなかで大きな割合を占める女工にも、改善を促すまなざしが向けられるようになる。そこで女工を問題視する言説において、必ずといってよいほど登場する言葉には、非衛生とともに「風紀紊乱」という言葉があった。女工はふしだらな異性関係をもち社会風紀を乱す者として問題視され、そうした性質をもつ女工のセクシュアリティは矯正すべきものとされたのである。女工の保護を唱える議論においても、風紀問題への対処の必要と重ねて論ずる視線が明確に存在した。他方、人格承認や権利獲得を目的とした男子職工たちによる労働運動もこの時期に開始されるが、男子職工の自立を掲げホモソーシャルな連帯を強める彼らも、女工を、対等で連帯すべき仲間の労働者とみる認識は全くなかった。

一九一一（明治四四）年に制定された労働者保護を掲げる工場法の対象とされたのは、女子と幼年者のみであった。工場法制定の意図には、風紀問題の解決も込められており、この時期に登場する職工管理論においても女工に対する性的管理の面が打ち出されていたことは明らかである。保護対象からははずされた男子労働者により、職工問題の解決を自ら図る労働組合として友愛会が組織された。友愛会メンバーは男子のみであり、男子労働者によってつくられた婦人部では、女工を男子労働者のよき妻とするための啓蒙が意図されるとともに、やはりセクシュアリティの矯正に力が入れられ貞操観念が喚起されたことが特徴的である。

女工は、このように社会政策と労働組合の両方から一人前の自立した労働者とは認識されることなく、保護や教化すべき対象なのであった。またそこで、いかにセクシュアリティを問題視するまなざしにさらされていたかも明らかである。一九二〇年代半ばに刊行された『女工哀史』は、女工がおかれた境遇の劣悪さを訴え社会的にも反響を呼んだが、そこに描かれる「女工」像にも、女子労働者を労働者として未熟な存在ととらえる視線が表われている。

このように蔑視や未熟な存在とみる視線に抗して、女工たち自身が主体として登場するようになるのは、一九二〇年代後半からの女性労働運動においてであった。そこで女工たちは、新たに「労働婦人」という名乗りをあげ、女子労働者である自らにかかわる問題を自らの手で解決することを宣言する。

同時に、「女工」に対するセクシュアルなまなざしに対抗し、「労働婦人」の手による「新興階級の新らしい道徳」の創出を企図したことも注目されよう。ただし、その新しい道徳については、次の点も指摘しておかなければならない。そこでは、ブルジョア的な価値観に基づく女性道徳とともに性的に奔放なモダンガールが槍玉にあげられたが、それらに対して恋愛・結婚・出産を理想化する道徳は、国策ともまったく齟齬を来すことなく、大衆社会における女性のライフコースモデルとして広がることとなったのではないか、ということである。

註

（1）千本暁子「明治期紡績業における通勤女工から寄宿女工への転換」（『阪南論集 社会科学編』第三四巻二号、一九九八年）では、従来の「女工哀史的考察」に対する批判研究が紹介されている。

（2）女工募集や寄宿舎については千本暁子の研究がある（同前論文、千本暁子「二〇世紀初頭における紡績業の寄宿女工と社宅制度の導入」『阪南論集 社会科学編』第三四巻三号、一九九九年）。女工登録制度については、東條由紀彦『製糸同盟の女工登録制度』（東京大学出版会、一九九〇年）など。

（3）代表的な女性労働運動史研究としては、鈴木裕子の一連の研究がある。鈴木裕子『日本女性労働運動史論――女性と労働組合』上、（れんが書房新社、一九九一年）では、本章で取り上げた友愛会婦人部及び総同盟婦人部について論及されている。女子労働者の意識についての研究としては、三輪泰史「紡績労働者の社会意識」（広川禎秀編『近代大阪の行政・社会・経済』青木書店、一九九八年）など。

（4）松井美枝「紡績工場の女性寄宿労働者と地域社会の関わり」（『人文地理』第五二巻五号、二〇〇〇年）は地域社会における女工蔑視を論じているが、一九三一年から四一年に限定した「地域住民の語り」に基づく分析のため、社会的蔑視の歴史的生成・変容の過程の詳細が明らかでない。

（5）日本近代史研究において、性現象としてのセクシュアリティについては一九九〇年代以降多くの研究がある（川村邦光『オトメの身体――女の近代とセクシュアリティ』紀伊国屋書店、一九九四年、成田龍一「性の跳梁――一九二〇年代のセクシュアリティ」脇田晴子、S・B・ハンレー編『ジェンダーの日本史』上、東京大学出版会、一九九四年。赤川学『セクシュアリティの歴史社会学』勁草書房、一九九九年など）。だが、多くは性現象固有の問題提示に止まり、社会的差別との関わりへ言及したものは少ない。その中で、藤目ゆき『性の歴史学――公娼制度・堕胎罪体制から売春防止法・優生保護法体制へ』（不二出版、一九九七年）では娼婦に対する差別が問題とされている。

（6）横山源之助『日本の下層社会』岩波文庫、一九四九年、七頁。（底本は、横山源之助『日本之下層社会』教文館、一八九九年）。

（7）『職工事情』農商務省商工局、一九〇三年。本章では全文を収録した岩波文庫版『職工事情』上・中・下（犬丸義一校訂、一九九八年）を使用。

（8）同前上、一五七頁。

（9）同前、二〇九～二一二頁。

（10）同前、二一三頁。

（11）今西一『近代日本の差別と性文化――文明開化と民衆世界』雄山閣、一九九八年、一二一頁。

（12）立花雄一「横山源之助小伝」（横山前掲『日本の下層社会』（註6）三九七頁）。

(13) 横山前掲（註6）一二三頁。
(14) 同前、一二六〜一二七頁。
(15) 同前、二〇六〜二〇七頁。
(16) 同前、一七五頁。
(17) 同前、三八二頁（横山前掲『日本の下層社会』（註6）附録）。
(18) 三宅義子「歴史のなかのジェンダー——明治社会主義者の言説に現れた女性・女性労働者」（原ひろ子・大沢真理・丸山真人・山本泰編『ライブラリ 相関社会科学2 ジェンダー』新世社、一九九四年）、鈴木前掲（註3）。
(19) 『社会新聞』第五三号、一九〇九年三月一五日。
(20) 同前、第六五号、一九一〇年三月一五日。
(21) 姫岡とし子「労働者のジェンダー化——日独における女性保護規定」『思想』第八九八号、一九九九年（姫岡とし子『ジェンダー化する社会——労働とアイデンティティの日独比較史』岩波書店、二〇〇四年に再録）。
(22) 社会政策学会編『社会政策学会論叢 第一冊 工場法と労働問題』同文舘、一九〇八年、五七頁。
(23) 同前、一二頁。
(24) 岡実『改訂増補 工場法』有斐閣、一九一七年、二四八〜二四九頁。
(25) 間宏『日本的労使協調の底流——宇野利右衛門と工業教育会の活動』（早稲田大学出版部、一九七八年）、また宇野利右衛門の代表的な著作は『日本労務管理史資料集』（五山堂書店、一九八七年より刊行）に収録されている。

(26) 宇野利右衛門編述『職工問題資料 第壱輯』工業教育会、一九一二年。
(27) 同前、二九～三〇頁。
(28) 同前、八九二頁。
(29) 同前、九二一～九二二頁。
(30) 宇野利右衛門『職工優遇論 総論第壱 職工問題解決法』工業教育会、一九一五年、三六二頁。
(31) 「本会綱領」『友愛新報』第一号、一九一二年一一月三日。友愛会の歴史的性格については、松尾尊兊『大正デモクラシーの研究』(青木書店、一九六六年)を参照。
(32) 「先づ実力を養へ」『友愛新報』第七号、一九一三年五月三日。
(33) 鈴木文治「真の女の踏み行く道」『友愛婦人』第一号、一九一六年八月。
(34) 鈴木文治「世間的の智識を広めること」『友愛婦人』第二号、一九一六年九月。
(35) 鈴木文治「内助と内妨」『友愛婦人』第一〇号、一九一七年一〇月。
(36) 平澤計七「女工さんの生活」『友愛婦人』第二号、一九一六年九月。
(37) 警視庁・坂口警部補「夏の婦人の誘惑――不良少年の奸手段にかかるな」『友愛婦人』第一号、一九一六年八月。
(38) 長井長蔵「お互ひに尊敬せよ」『友愛婦人』第二号、一九一六年九月。
(39) 油谷治郎七「潔い心」『友愛婦人』第五号、一九一七年一月。
(40) 秋本もと子「気の毒な私娼達」『友愛婦人』第二号、一九一六年九月。
(41) 一記者「婦人と職業」『友愛婦人』第六号、一九一七年二月。
(42) 山脇房子「働く女の世の中」『友愛婦人』第六号、一九一七年二月。

(43)　阿部秀助「婦人労働問題」『社会政策時報』第三号、一九二〇年一一月。
(44)　広瀬芳蔵「婦人労働問題に就いて」『社会政策時報』第一四号、一九二一年一〇月。
(45)　田子一民「職業婦人の新らしい悲哀」『新時代の婦人』白水社、一九二〇年。内務官僚としての田子一民については、第4章で論じている。
(46)　細井和喜蔵『女工哀史』岩波文庫、一九五四年、五頁。同書は、単行本初版（改造社、一九二五年）、戦後復刻版（同、一九四八年）を参照したもの。
(47)　同前、三二六～三二八頁。
(48)　同前、三三〇～三三三頁。
(49)　同前、三六三頁。
(50)　同前、三六六～三七一頁。
(51)　恋愛・結婚・性愛を三位一体とした「ロマンティックラブ・イデオロギー」が、一九二〇年代の一般的風潮になっていたことは、成田前掲（註5）論文に指摘がある。細井和喜蔵や後述の『労働婦人』にもこうした風潮との同時代性が見てとれる。
(52)　上條愛一「製糸女工の闇黒生活」『労働』第一一九号、一九二一年七月。
(53)　松岡駒吉「夜業禁止請願運動の意義――婦人労働運動のために請願文」『労働』第一七七号、一九二六年三月。
(54)　「労働婦人の覚悟」『労働婦人』第一号、一九二七年一〇月。
(55)　日本縫工・後藤ミツエ「婦人の地位向上は労働組合運動で」『労働』第一九六号、一九二七年一〇月。

(56) 大阪紡織支部・木藤ちよ子「心をゆるすな」『労働婦人』第三五号、一九三〇年一一月。
(57) 中央合同吾嬬ゴム工支部・広仲雪江「私の思ふこと」『労働婦人』第六〇号、一九三三年一月。
(58) この点に関しては、三輪前掲（註3）論文、木村涼子「女学生と女工――『思想』との出会い」（青木保・川本三郎ほか編『近代日本文化論8　女の文化』岩波書店、二〇〇〇年）にも同様の指摘がある。
(59) 日本縫工組合・金子孝「電車の中の同志」『労働婦人』第五号、一九二八年四月。
(60) 紡織沼津支部・市川あき「生命新らしく」『労働婦人』第二九号、一九三〇年四月。
(61) 常子「大会片々」『労働婦人』第二号、一九二七年一二月。
(62) 「活動映画の悪影響」『労働婦人』第八号、一九二八年七月。
(63) 赤松明子「低級な婦人雑誌を排撃せよ」『労働婦人』第一一号、一九二八年一〇月。
(64) 「先輩にものを聞く（五）（六）――働く婦人の恋愛と結婚について（一）（二）」『労働婦人』第六八・六九号、一九三三年九・一〇月。

第6章　労働政策とジェンダー

はじめに

本章では、第一次世界大戦以降に制定された国際的な労働規準に適応させるため、日本で新たな政策化が進められることとなった労働政策に焦点をあわせ、それを支えた規範やイデオロギーを、ジェンダーの視点から検証していく。

まず、ジェンダー視点の導入によって、それまでの社会政策史の通説的な見方が問い直されるようになっていることを確認しておきたい。従来高い評価が与えられていた女子労働者への保護や家族優遇政策については、同時に、性別役割分業観念や男女不平等が温存されるという面が照射されることとなった。労働者保護法として理解されていた工場法[1]や、労働者の生活安定に寄与するものと考えられていた「家族賃金」の観念[2]は、性差による役割や処遇に基づくため、性分業構造を強化し「労働者のジェンダー化」を進めていったものとしてとらえられるようになっている。

保護政策の枠組みを前提とする傾向が強かった日本の社会政策史研究でも、ジェンダーの視点を組み込んだ歴史研究として、明治後半期の工場法制定時や、戦時・戦後を対象としたものが現れるようになっている。本章で対象とする戦間期は、戦中・戦後につながる現代日本社会のシステムの形成をとらえるうえで欠かすことのできない時期といえる。本格的な政策化が開始されていくこの時期の労働政策は、女子労働者にとってどのようなものであったのか。特に、政策の展開過程のみならず、政策担当者や社会政策学者、女性活動家らの主張において、女子労働者や労働者家族の問題がどのように認識されていたか、という点を中心に論じていきたい。

一　国際労働規約

労働者保護や労働条件に関して国際的基準の制定や国際労働立法をめざす動きは、二〇世紀初頭より進められていたが、それが大きく進展し、日本の政策にも直接影響を及ぼすようになるのは第一次世界大戦後のことである。一九一九（大正八）年五月に締結されたヴェルサイユ条約の中には、「労働に関する国際的な統一原則を明示した「国際労働規約」(6)（以下「規約」と略）が、第十三編「労働」として挿入されることが決定された。連盟常任理事国としての地位を得ようとする大戦後の日本にとり、その遂行は放置できない重い課題となる。「規約」は次のような内容の九カ条から成り立っていた。

一、労働を単に商品と認むべからずとする原則。
二、傭主と同様に雇傭人が適法の目的のため結合する権利。
三、その時代及びその国に於て適度の標準と認められる生活標準を維持するに適当な賃銀を被傭人に支払うこと。
四、一日八時間又は一週間四十八時間制を採用すること。
五、毎週日曜又は便宜の日に満二十四時間の休暇を与えること。
六、幼年労働を廃止すること及び青年労働者の教育の継続を許し且つ適度なる身体の発育を確保する規定を設けること。
七、男女とも同一価値の労働に対し同額の報酬を受くべき原則。
八、適法にその国に居住するあらゆる労働者の経済上公平な待遇につき適当なる顧慮を払うこと。
九、各国は被傭者保護の法令の実施を確保するため監察官制度を制定し、その中には婦人監察官をも加えること。(7)

次に、「規約」が当時の日本でどのように受けとめられたのか、諸新聞の論説から見ていきたい。当初日本国内では、後進国である日本での実行は「我が国の将来を脅かす」という懸念が表された。(8)

またこうした政策を行うならば、「工業状態は紊乱し労働者は恰かも袢を着したるが如く横暴になるであらう(9)」との見解も見られる。とはいえ、国際連盟常任理事国という日本の立場を前提とし、この原則を将来的な実現目標とする姿勢が生まれていったことは容易に想像されよう。次のような見通しが提起されるようになる。「国際的規約を設くる以上は〔中略〕成る可く速かに其標準に近づくことに努むるは締盟各国の義務にして、思ふに関係諸国は此労働規約を指針として其労働政策に大革新を加ふることならん(10)」。

さらに、特に女子労働者の問題として受けとめる議論が生じたことも注目される。『大阪新報』は「国際労働規約と婦人問題」と題した社説で、「之〔注――国際労働規約〕を一読する者には、世界が婦人労働を保護すべく如何に最善を尽しつつあるかを事実に語れるものなること、自ら明かに察知せられざる能はず」と述べ、女子労働者保護政策の遂行を次のように強く求めるのである。「現代世界に於ける婦人労働問題が〔中略〕看過せらるることなく、今後国際労働条件の確定と共に、一般の婦人問題乃至一層広義の社会問題の中核に緊密に触るる所あるべきを察し、切に我が国務当局者に対し該問題に関する必要の解決を待望する(11)」と。

「規約」が日本の労働政策に影響を及ぼしたことは間違いないが、その際の論議の焦点は次の三点に要約されよう。第一には、労働時間制限や休日の設定、幼年労働禁止などに見られる労働者保護の制度化という点。第二には、労働者の賃金をめぐる問題である。これには、第三項の「生活標準」に示される労働者の生活保障の観点から提起された問題と、第七項「男女同一価値労働同一賃金」で提起された男女平等の観点からのものとがある。第三は、第二項に見られる労働組合の承認の問題である。これはその後実際に、労働組合法制定をめぐる問題として現れることになる。以上の点はいずれも、一九二〇年代以降の国内での重要政策課題となる事柄であるが、ここでは、これらの諸問題のうち、女子労働者や家族に直接関わる、第一の労働者保護の制度化、第二の賃金制度の改革の問題に限定して論じていくこととする。

二　工場法改正と女子労働者

労働者保護政策の進展を示す代表例として、工場法改正の動きを筆頭に挙げなければならない。「国際労働規約」の採択に続き一九一九（大正八）年一〇月より開催された第一回国際労働会議の場で、八時間労働制、女子の深夜業禁止、産前産後女子の労働禁止に関する条約が締結されたことも[12]、その契機となった。日本では、一九一六年に一五歳未満の年少者と女子を「保護職工」とする工場法が施行されたばかりであった。だが、延長猶予つきの一二時間労働制、一五年間の猶予つきの深夜業禁止規定といったその内容と、「規約」の基準との大きな格差は一目瞭然である。上記の国際条約への批准を拒否した日本政府も、法制度改革を緊急課題として開始することとなる。

まず、一九二二年一一月、政策遂行にあたる独立部局として内務省社会局が設置された[13]。工場法改正の立案は社会局の手で進められ、二三年三月の議会に提出、成立を見るに至っている。適用工場の範囲拡大、一五歳以下への保護職工年齢の引下げ、深夜業の時間拡大と猶予期間三年への縮小、「産婦」の「産前産後生児哺育中」への改定、などが主要な改正点である(14)。深夜業や妊産婦に関する規定の改定など、いずれも国際基準への接近を意図したものと見られよう。

次に、工場法改正をめぐる議論を見ていきたい。内務大臣・水野錬太郎は工場法改正案提出の理由について、「労働者ノ保護ヲ厚クシ、工業能力ノ増進ヲ図ラントスル趣旨ニ外ナラナイ(15)」と説明している。また、社会局第一部長・河原田稼吉も次のような発言を行っている。「大体一時間位ノ短縮ナラバ、寧ロ能率ヲ或ル程度マデ増進スルトモ減ラスコトナク、一面ニ於テ却テ労働者ノ健康ヲ増進シ、一面ニ於テ能率ノ方ニ好影響ヲ及ボスデアラウト云フ見込ノ下ニ、現行法ヨリ一時間短縮シタヤウナ次第デアリマス(16)」。社会局の認識は、生産の減少を憂慮する資本家を意識して、生産能率の観点を重視したものであったことが見て取れよう。

他方、衆議院委員会では、労働時間短縮や産前産後の女子保護の規定が、逆に女工の賃金低下や解雇などといった労働条件悪化の問題を引き起こすのではないか、との議論が委員から出されていることにも注目したい。委員会理事・守屋松之助は次のような懸念を表明している。「労働ノ方カラ考ヘマスト云フト〔中略〕労働時間ヲ減少シタ為ニ、工賃ヲ少ナク貰フト云フコトニナルト、忽チ自己ノ生活ノ不安感ズルコトニナル(17)」と。また、委員会理事・板野友造は、産前産後の女子の休業に関する規定を雇主に対する保障規定のないままで実行した場合、女工の解雇という問題が生じるのではないかと、次のような危惧を述べている。「〔妊婦もしくは産婦を〕保護シテ一定ノ期間休業ヲ要求スル権利ヲ与ヘルトスレバ、一面ニ於テハ雇主ヲシテ之ガ解雇ヲナサシメザルコトヲ担保シ保障スル規定ヲシナケレバ、却テ此保護ノ規定ガ是等女工ヲ苦メル結果ニナル[18]」と。他方、こうした懸念に対して政府委員・河原田は、「〔保障を〕法律トシテ規定スルコトハ余程困難デアリマス」と述べるに止まり、対応策についての積極的な答弁を避けている[19]。

改正工場法の施行は、一九二六（大正一五）年七月に決定した。施行にあたって社会局の北岡壽逸は、「日本の工場法は女工の保護を主たる目的とするもの」であることを強調しながら、続けて次のように述べている。「女工としても一時の些少の賃銀のみにつられず、〔中略〕正当の時間以上の労働にはこれを拒むといふ習慣をつけなければなりません[20]」。長時間労働の根本的な原因である女工の低賃金や出来高払い制度には全くふれずに、「一銭でも高い」賃銀を求め「無理なる労働をなす」女工に苦言を呈するのである。その後、改正工場法が実施される過程において、当初予想された女工の賃金・解雇をめぐる問題は現実のものとなっていくこととなる。

次に、工場法改正時における労働組合婦人部の動きに目を向けたい。労働組合における婦人部の組織化は、組合内での時期尚早論もあり困難を極めた。当時最大の組織であった日本労働総同盟（以下総同盟と略）で婦人部が結成され活動が軌道に乗るのは、一九二五年以降である。総同盟の分裂で婦人部活動家は二分されることとなった[21]が、女子労働者保護の問題は、双方の婦人部で共に重視された課題の一つであったことは間違いないだろう。

まず、現実の法制度を前提とし改良主義的立場をとる総同盟婦人部は、改正工場法に呼応して活発な活動を展開した。深夜業禁止事項に依然三年間の猶予規定が存在していることを問題とし、女子及び幼年労働者の夜業・坑内作業の即時禁止を求める請願運動を起こしたのである。二六年三月に開始されたこの運動の過程では、約五万名にも上る署名が集められたといわれる。[22]この請願運動を進める論理は、次の文章に端的に表されている。「我等は、我国の第二の母性となるべき若き女性が徹夜業の為め坑内作業のため肉体を弱め、恐るべき結核病、胃腸病、不妊症等に冒されつつある事実をみて、国民保健の将来を想ふて戦慄するものがある」、「尊ふとき母性を亡ぼす徹夜業坑内作業を禁止せよ！[23]」。ここで打ち出されているのは、「我国の第二の母性」「尊ふとき母性」の言葉に示されるように、女子労働者を「母性」という視点でとらえ、母性尊重を保護の根拠とする論理である。

図 6-1　総同盟婦人部機関誌『労働婦人』の表紙

図 6-2　婦人部作成のメダル

総同盟婦人部に見られるこうした母性重視の傾向は、機関誌『労働婦人』の表紙にもうかがわれる（図6－1）。労働服を着て正面を見据えている男子労働者に対して、横に並ぶ女子労働者らしき妻は、下を向き服をはだけて乳飲み子に授乳する姿で描かれているのである。このような乳飲み子を抱える母親労働者というパターンは、婦人部が作成したメダル（図6－2）の図柄にもなっている[24]。女子労働者が母性を備えた存在であるという点を、アピールするねらいがあったものと見られよう。

他方、左派の評議会婦人部の動きに目を向けよう。評議会婦人部の組織化に大きな役割を果たしたのは山川菊栄[25]であった。山川は、一九二五（大正一四）年一〇月、政治研究会婦人部の名において「乳児を有する労働婦人のためには休憩室を提供し、三時間ごとに三十分以上の授乳時間を与ふること」、「結婚、妊娠、分娩のために婦人を解雇することを禁ずること」という要求項目を打ち出している。山川の意図は、乳児を抱える女子労働者が労働を継続する点にあったといえる。予想される解雇問題への対処に言及していることにも注目される[26]。母性を念頭におきながら、同時に労働との両立を重視する姿勢が特徴的である。さらに同年一二月には労働組合国際連合（プロフィンテルン）の方針に基いて「婦人部テーゼ[27]」を起草したが、ここでは要求として、六時間労働制、「夜業、残業、および有害なる作業の禁止」、「産前産後各八週間の休養およびその期間の賃金全額支払」、「乳児を有する婦人労働者には三時間ごとに三十分以上の授乳時間を与うること」が挙げられた。改正工場法はもとより国際労働会議で締結された条約の基準をも大きく超える保護の徹底が提唱されていたことがわかる。

一九二七（昭和二）年第三回大会で正式な設置が可決された後の評議会婦人部は、一〇項目にわたる「当面の任務」を活動の指針とした。その内容は、寄宿舎制度の改善の他、新たに加えられた生理休暇要求をはじめとして徹底した母性保護要求が中心であった。さらに、その後評議会は改正工場法とは別の独立した「労働婦人保護法」の獲得を目標に掲げたとされる。[28]だが、婦人部承認についての組合内の合意獲得の遅れとともに、二八年のいわゆる三・一五事件後の大弾圧が婦人部活動にも決定的な打撃を与え、現実には社会的影響力をもつことはなかったと言ってよいだろう。

さて、改正工場法をめぐっては、能率重視の観点に立つ内務省当局と、母性尊重を訴える労働組合婦人部活動家との間での認識の相違はあったが、結果として日本の女子労働者保護政策が国際水準に近づいたことは確かである。しかしながら、女子労働者の解雇・賃金低下等の問題についての議論が不充分なままで改正工場法が実施されたことは、その後顕在化する女子労働者の地位の不安定さの一つの要因になったとも考えられる。

三　「男女同一価値労働同一賃金」をめぐる議論

次に、「国際労働規約」の中の「生活標準」を維持するに適当な賃銀、「男女とも同一価値の労働に対し同額の報酬を受く」（以下「男女同一価値労働同一賃金」と略）という原則がどのように議論されたのか、社会政策論者や労働組合婦人部の要求などを中心に見ていきたい。まず本節では、「男女同一価値労働同一賃金」の原則を取り上げる。

男子労働者と女子労働者との賃金格差の問題を正面から取り上げた人物としては、社会政策学者・河田嗣郎[29]を挙げなければならないだろう。河田は、『国民新聞』記者を経て京都大学教官に就任した直後より、家族制度や婦人問題に関する著書を発表していた。一九一〇（明治四三）年に公刊した『婦人問題』[30]は、治安妨害の理由で発売禁止処分を受けたものであるが、すでにその中で、女子労働者を対象とする社会政策とりわけ賃金問題について言及していることに目を引かれる。河田は次のように論じている。

> 女子の労務が補助的に行はれ〔中略〕かにても之を獲て一家生計の不足に供せんとするものならばまだしも忍ぶ可きなれど、家族制度大に弛みて各人は各自の手を以て独自一己の生計を立てざるに至りては、悲惨之れより生ぜざるを得ず。社会政策の上より見て必ずや速かに施設する所なかる可から（ず）[31]。

ここで河田が、「家族制度大に弛みて」という現状認識の下に、女子を「独自一己の生計」を立てる個人としてとらえ、社会政策を立論しようとしたことに注目すべきである。

その後も河田は、女性の地位と賃金問題に対する視点を保持していた。河田は、一九一八（大正七）年の社会政策学会における「女子労働問題」の報告[32]の中で、「女子の労賃が男子の労賃よりも一般に低廉なること」の理由についての考察を行い、さらに二〇年には論文「男子の賃金と女子の賃金[33]」を発表している。後者の内容は、「女子労働者の地位の保障」を目的とする政策的対応を論じ、男女平等の基準による「最低労賃制」の導入の提唱にまで及ぶものであった。これはまさに、「男女同一価値労働同一賃金」の原則の制度化を意図した提言にほかならない。「最低労賃標準なるものは労働者個人々々に就いての話で、決して其の一家経済を標準とすべきものではない」、「それは男子労働者たると女子労働者たるとに依り、性の区別よりして差別を立つべきものではなく、男女同等に之を取扱ひ、人としても労働者としても、之に対等の待遇を与ふべきものである」、「男女の間に区別を設ける所の最低労賃制は、甚しき自家撞着の制度と謂はねばならぬ[34]」と河田は論じている。男女差別を前提とした賃金制度を正面から問題とする議論であった。また、家族を単位とする賃金制度すなわち後述する「家族賃金」に対しても、批判的であったことが確認される[35]。

次に、労働組合婦人部による「男女同一価値労働同一賃金」要求の論理を見ていきたい。総同盟婦人部のリーダー・赤松常子は、『労働婦人』誌上に「男女同一労働に対する同一賃銀の要求を叫ぶ[36]」と題する論説を発表した。赤松は、次の三点を要求の理由として挙げる。第一は、賃金の不平等は女性の「尊貴なる一個の人格を無視するもの」であること。第二は、「生活苦に日一日と深刻に襲はれている今日、到底一家の経済が男子一人で背負切れ」なくなっている現状では、「家庭における婦人の経済的役割」が「小使《ママ》い取り」以上に重要な意味ををもつようになったこと。第三は、低賃金女子労働者の在在が「男子労働者にとつて失業の大なる脅威となりつつ」あるという点であった。

赤松の主張と河田の議論とを比べると、異なっているのは第二、第三の論拠であろう。赤松の立脚点にあったのは、女子個人の独立した生計という発想でなく、「一家の経済」すなわち男子労働者である夫とともに形づくる家族という単位だったといえる。そこには、「一家の経済」とは本来男子労働者一人の稼ぎによって成り立つべきものと見なす認識もうかがわれる。男子労働者の失業問題という女子労働者以外の要因が重視されていることは、それを裏付けるものではないだろうか。

以下に挙げる出版印刷組合員・藤原みどりの「同一賃銀の要求(37)」は、赤松の論理をより明確に示すものといえる。藤原は、「〔資本家は〕安い賃銀の女子を多く使はうとします。で、この事は引いては男子賃銀のレベルをより以上引下げ、労働階級全体の脅威となります。〔中略〕今日では男子一人の働きによつては一家の生計を立てる事が出来ません。従つて私共婦人も家庭に於ける重大な任務を放棄して、生くる為には工場に鉱山に身を危険に晒して働かねばなりません」と訴え、「この不合理極る資本主義社会制度打破に向ふ一歩として」、「同一賃金要求」の運動を女性組合員に呼びかける。ここでは、明らかに男子労働者の妻という立場が前面に出されていることが見てとれよう。男女同一賃金の要求は、一家の稼ぎ手である男子労働者の賃金の安定、雇用の確保と結び付けられて主張されていたのである。

一方、評議会系活動家の認識はどうだろうか。山川菊栄は、政治研究会婦人部の要求において、

「業務を問わず、男女および植民地民族に共通の賃銀および俸給の原則を確立すること」という一項を提示していた[38]。男女のみならず「植民地民族」をも対象とした平等の原則の確立を打ち出したことは、画期的といえよう。だが、この項目についての説明は次の通りである。「婦人労働者の数がきわめて多くかつ新たに男子の労働領域へ食い込んで勢いの盛んな日本では、特に重要な要求であるし、昨今のように失業者の多い時には、男子の失業を防止しその賃銀低下をくい止める意味でもきわめて重要な意味を持っている」。多数の女子労働者の問題であるとの指摘はあるものの、やはり日本人男子労働者の雇用確保と労働条件安定が最大の目的だったのである。

以上のことから、「男女同一価値労働同一賃金」原則を男女平等や女子労働者の地位向上という観点からとらえる論理は、河田嗣郎の社会政策論に見られたものの、当時の日本では少数にとどまったのではないかと思われる。当時の労働組合婦人部の認識は、基幹であり家族扶養者である男子労働者の雇用問題と結びつけるものであった。原則の中に本来は存在したはずの労働者間における男女平等というテーマは、「家族」の論理の背後に退けられてしまったように思われてならない。

その後、「男女同一価値労働同一賃金」原則がＩＬＯで条約（一〇〇号）として採択されるのは、一九五一（昭和二六）年、日本の条約批准は六七年のことである。男女雇用機会均等法は八六年に施行されるが、今日においてもなお男女賃金格差の問題が解消されていないことは、周知の事実といえよう[39]。

四　「生活標準」と「家族賃金」観念

本節では、「生活標準を維持するに適当な賃銀」という原則を取り上げる。「生活標準」という概念は、「国際労働規約」の中で示される以前にも日本で紹介されていた。一九一八（大正七）年の社会政策学会における、法学者・森本厚吉の報告「日米『最小生活費』論」[40]は、「生活の標準」の概念を日本の社会政策に採り入れる必要を説いたものであった。森本は、第一次世界大戦後における「労働者の生活難」に対応するために、「法律を以て最低の賃銀を決定する」「最少賃銀法」を提案した。森本によれば、この「最少賃銀」を決定するための基準が「最小生活費」であり、「最小生活費」を決めるために「生活の標準」の概念が用られている。人間には「必然的欲望」「身分的欲望」「快楽的欲望」「奢侈的欲望」の四つの欲望が存在するとされ、前三者の欲望を満たす「生活」が「生活の標準」とされる。そのうえで森本は、「生活の標準」を保障する収入すなわち「生活給」賃金の規定を、社会政策の提言として主張したのである。森本の提言は、そのための労働省設置、国民生活調査にまで及ぶものであった。

一方、この当時評論活動に力を入れていた与謝野晶子は、「規約」に触発され「賃銀の標準率」を論じた文章を『横浜貿易新報』に寄せている[41]。与謝野はそこで、労働を「文化生活の創造」ととらえる独自の見解を示しながら、賃銀については次のように述べている。まず、「賃銀が商品のやうに需要供給の関係に左右されて高低を生ずべきもので無い」としたうえで、「一定の賃銀標準と云ふものがあつて、その標準を最小限度とした賃銀を必ず支給されると云ふ保障を享有すべきであると思います」と、「賃銀標準」による賃銀の保障を主張する。さらに議論は、「賃銀標準」の程度の問題にも及んだ。それは「労働に服している本人一人の生活を維持するだけのものでせうか」、それとも「その労働者自身の生活費と共に家族の生活費を含むものでせうか」と。これに対して与謝野は答える。現行の賃銀制度にはこうした区別がないために、多数の家族を持つ労働者が「貧弱窮まる惨めな生存を辛うじて維持して居る有様」にある。そこで、家族の生活費をも含む「賃金標準」が必要であると。「賃銀の分配が新しい標準率に由つて、家族を擁して居る労働者に潤沢な時代が来ねばならない」というのが与謝野の結論であった。森本の提言や「規約」が「生活給」賃金の提言に止まっていたのに対して、与謝野は「家族の生活費」まで含んだ賃金、すなわち「家族賃金」の問題に議論を進めたことがわかる。

実際、「家族賃金」観念やその制度が、一九二〇年代初めには日本でも紹介されるようになっていたことは、当時の『社会政策時報』誌上からも明らかである。佐倉重夫は論説「家族賃銀の意義」(42)において、大戦後の物価高騰のもとでの実質賃銀の減退によって労働者の「生活の悲惨」が生じるなか、欧米諸国を中心に「家族賃銀」の制度が発達していることを述べ、日本での適用を唱えたものであった。佐倉は、「家族賃銀」の制度を「従来の能率主義で固つた」賃金制度に取って変わるべきとしながら、その特質について「扶養すべき妻子を有する所の労働者に対し、独身者に支払はれる賃銀以上に付加的の手当を支給せられること」と述べる。ここで、「家族賃銀」を支給される労働者が、「扶養すべき妻子を有する」と明示されていることには注意する必要があろう。「家族賃銀」とは、あくまでも男子労働者が家族を扶養する立場にあることを前提にしており、性別役割分業の観念に基づく提言であったことは明白である。

さらに、こうした「家族賃金」を求める議論は、不況の進展に伴う労働者の失業や生活難の深刻化を背景に、高まりを見せていったといえよう。昭和恐慌下、林癸未夫は「扶養家族を有する労働者の生活難が、全く扶養家族を有たない独身者のそれに比べて一層甚し」いとし、国家の政策は「独身者よりも有家族者を第一の対象とするのが当然である」と述べ「労働者家族生活費の補給」の提唱を行っている(43)。ここで、林の主張の最大の眼目が、「日本の家族主義」の維持にあったことに注意する必要がある。林は、「日本の家族主義」を「家長が其家族の生活を支持し、家族は家長に信頼して其生活を全うすることのできる制度」であると説明する。また「家族生活費の補給」とは、こうした日本の家族制度を保持するためにこそ必要であり、「個人主義の西洋諸国」よりもむしろ日本で「一層此の如き制度が普及発達しなければならぬ」と主張されるのである。このような林の議論に見られるように、「家族賃金」の制度は、「家族主義」という観点から日本のナショナリティと関係づけられ推奨されたことも、無視してはならないだろう。「家族賃金」観念が、まさに戦時下日本で広がりを見せるようになる所以である。

一方、「家族賃金」の観念が、労働組合員の側の要求にも見られたことは、次の例から確認できる。総同盟幹部・土井直作は、労働者賃金について「何等の扶養者を有せざる者が僅かに其生活を維持し、世間的にも一個の人間としての対面を維持して行けるに過ぎない程安い」と指摘し、さらに次のように述べる。「夫婦が共稼ぎをしなければならなかつたり、娘や妹に過激な労働に従はさねば其の生活を維持して行けて工場に通はなければならなかつたり、いたいけな幼児を託児所に預けない様な生活状態は、決して健全なるものであると云ふことは出来ない筈であります。〔中略〕斯の如き悲惨なる生活状態にある処に真剣なる労働運動が起り、婦人運動の胚胎が存して居るのでありますˇ[44]」。まずここで、家族を扶養するに足る「家族賃金」の要求が、労働運動のなかで重視されていたことがわかる。他方、総同盟幹部の考える健全な生活とは、妻や娘が工場労働に従事することなく、夫の収入のみで一家が十分な生活を送るという状態を指すものであったことも確認できる。こうした発想に、稼ぎ手＝男子、被扶養者＝女子と見なすジェンダー観念が存在していたことは明らかである。同時に、そこに労働者としての平等を求める意識を見ることはできない、という点も指摘しておきたい。

さて、こうした新しい賃金観念の法制度化は、昭和恐慌期に構想が進められ、戦時統制下において形をとることとなった。恐慌期に産業合理化運動の一環として組織された臨時産業合理局は、一九三二（昭和七）年に「賃金制度」についての指針を打ち出した。そこで、賃金額の算定基準としての「最低標準生活費」は次のように説明されている。「最低生活の標準」とは「一、一人前ノ男ガ一家ヲ支ヘテ雨露ヲ凌グ以外ニ、最小限度ノ社会的生活ヲナシ得ル程度ノ生活」と規定され、「企業ハ苟《いやし》モ一人前ノ男子ヲ使フ以上ハ、ソノ勤労ニ対シ少クトモコレ位ノ生活ヲ営ミ得ルダケノ賃金ヲ保証スベキデアル」[45]（傍点は引用者）。対象とされる労働者とは「一人前ノ男」であり、女子労働者はもとより対象から外されている。こうしたジェンダーの明確化を前提に、男子労働者が「一家ヲ支へ」るための賃金基準、すなわち「家族賃金」の観念が明確に打ち出されたことに注意しておきたい。

このような「家族賃金」の制度が雇用の場においてどこまで適用されたかについては、さらに検討が必要であろう。だが、一九三〇年代以降には大工場や官庁などで、「家族手当支給」適用の例が増えている事実が報告されている。[46]「家族手当」という形で制度化が実現したのは、戦時下である。一九四〇年には、七〇円以下の所得者に対し扶養家族一人について二円未満の手当支給が認められ、低賃金生活者に限定された家族手当支給が制度化されている。また、所得税制度の面でも扶養控除の対象に同居の妻が加えられることとなった。[47]さらに、翌四一年中央物価協力会議による「賃金制度指導要綱」には「基本給はこれを労務者及び家族の基本生計費を保障すべきもの」という記述がなされ、太平洋戦争下の四三年に出された中央賃金委員会「賃金形態指導指針」にも、「賃金は労務者及びその家族の生活を恒常的に確保する」との文言が明記されており、この段階で「家族賃金」は制度的な裏づけを持つようになったとみられる。[48]

おわりに

国際規準に適応した労働政策の立案・政策化は、第一次世界大戦後に国際連盟常任理事国としての地位を確立しようとする政府の思惑とあいまって、進められることとなる。本章では、こうした思惑を背景に一九二〇年代に進められることになった労働政策として、工場法改正、「男女同一価値労働同一賃金」原則の適用、「家族賃金」等を取り上げ、論じてきた。

まず、工場法改正の問題に関しては、女子労働者保護の進展の反面で、女子労働者の解雇・賃金低下等の問題の発生が懸念されたことを指摘した。一九二〇年代末からの昭和恐慌期にこの予測は的中する。改正工場法の実施の時期と恐慌とが重なったことが、さらにその傾向に追い打ちをかけたといえよう。改正工場法が実施された一九二九（昭和四）年から三〇年にかけての女子労働者数の減少の割合は、男子のそれを大きく上回った。また、三一年を境として男女労働者数の比率が逆転、以後の総数の急激な伸びのなかで男子労働者数が女子を上回るようになっていく（図6－3）。他方、賃金の動向について、二四年を一〇〇とした時の三三年の指数を見ると、男子労働者の九四に対して女子は六九となっている。女子の賃金は男子よりも大幅な低下を示しており、男女間の賃金格差は、以前にも増して拡大を見せたことがわかる（表6－1）。

こうした事実は、女子労働者の地位の不安定化を示すものにほかならないが、同時にそれは、次

図 6-3　男女工場労働者数の推移

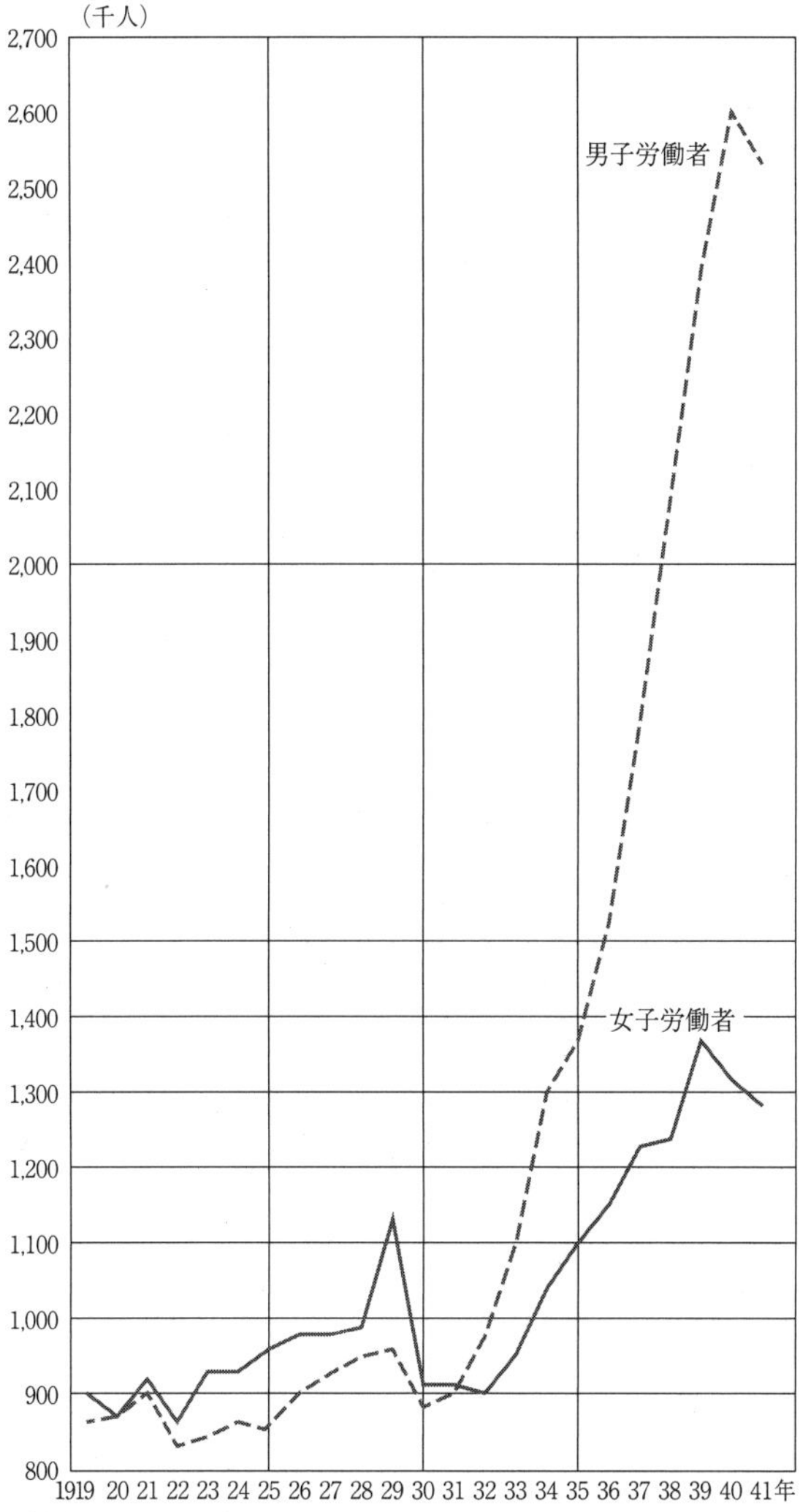

註：対象は労働者 5 人以上の工場。

出典：農商務省・商工省編『工場統計表』各年次（労働省編『労働行政史』第 1 巻、労働行政史刊行会、1961 年、1269 頁）より作成。

表6-1　工場男女別賃金（1日平均）額の推移　（指数は1924年＝100）

年	労働者全体		男子労働者		女子労働者		男子を1としたときの女子賃金の数値
	賃金（円）	指数	賃金（円）	指数	賃金（円）	指数	
1924（大正13）	1.44	100	2.10	100	0.88	100	0.42
1927（昭和2）	1.46	101	2.15	102	0.87	99	0.40
1930（昭和5）	1.36	94	2.05	98	0.71	81	0.35
1933（昭和8）	1.30	90	1.98	94	0.61	69	0.31

註：対象は30人以上の労働者を使用する工場。
出典：内閣統計局編『労働統計実地調査報告 昭和8年』復刻版（原書房、1991年）27～28頁より作成。

のような動向とも併せて考える必要がある。つまり、大企業を中心とした男子労働者への「家族賃金」支給の一定の進展である。男子労働者は家族を扶養するための賃金を得、一方で女子は男子労働者の扶養家族となり労働から離れる、そのようなシステムが、当初は大経営大工場の一部に限られていたものの、その後次第に現実味を帯びていくこととなったといえる。

また、それは、労働組合運動の側の要求と合致したものでもあったことを確認しておきたい。当時の労働組合の運動推進の論理が、母性保護を前面に掲げた女子労働者への保護と、男子労働者の賃金の保障であったことは、特に総同盟の例から明らかである。労働組合員の発想の基本に存在したのは、何よりも男女労働者によって構成される「家族」という単位であったといえよう。その家族とは、女子労働者には「母」、男子労働者には一家経済の主要な稼ぎ手という役割を前提とする、ジェンダー化された家族観念に基づくものであった。その後の総同盟婦人部は、母子扶助法制定運動に精力を傾けていくこととなる。「子供から暖かい母の手を奪は」ないために、夫を失った女性が労働せずに家庭で育児に専念するための生活保障を求める、というこの運動の論理にも、「母」の役割を労働に優先させる発想をうかがうことができよう。[49]

一方、このような性別分業に基づく家族単位の賃金システムが家族をもつ労働者に大きな魅力を与える反面、そこに次のような問題が潜んでいたことにも目を向ける必要がある。まず、女子労働者個人の賃金問題、特に男女平等の原則による「同一労働同一賃金」要求の問題を後景に退かせてしまったことである。「男女同一価値労働同一賃金」の原則は、本来は男女平等の理念に基づくものであったはずであるが、それは「家族」の論理の浮上の前に消え去ることになってしまったのではないだろうか。さらに、戦時下において、「家族賃金」論が、家族主義やナショナリズムの論理とあいまって唱えられたことも見逃せない。

最後に、ここで言及することができなかった点について触れておこう。当時の労働政策——女子労働者保護や「家族賃金」制度——の対象から外された非正規雇用労働者——増加する臨時工や季節工など——の問題であり、その主な担い手としての植民地からの労働者の問題である。「植民地」には、最大の移民送り出し地である朝鮮半島や台湾はもちろん、国内植民地としての東北や沖縄をはじめとする地方も含まれる。一九三〇年代以降、そうした国内外の植民地からの出稼ぎや移民労働者が急増した。軍需の増加によって日本の工業は急成長を遂げたが、そこで保護や社会保障の手当の必要のない低廉な労働力を大量に求めようとする動きが、この出稼ぎや移民の急増を促したといえよう。非正規雇用の立場におかれた出稼ぎや移民労働者たちに課された長時間重労働、危険作業への従事、低賃金といった劣悪な労働条件と、正規雇用労働者に対する保護や生活保障の進展とは、まさに表裏の関係にあったといえる。歴史過程の検証において、ジェンダー視点のみならず「植民地」の視点を組み込むことは不可欠であるが、それは今後の課題としたい。

註

（1） 竹内敬子「イギリス一八七四年工場法とジェンダー」『社会政策学会年報』（第四二集、一九九八年）など。

（2） 本章では、「家族賃金」観念を次のように理解している。扶養家族の生活費まで含む賃金のことを指すだけでなく、男性（夫）を賃労働に従事する扶養者、女性（妻）を被扶養者で家事・育児の担当者とする性別役割観念と不可分に結び付いた観念であると。この理解については、木本喜美子『家族賃金』という観念と現代家族」（『家族・ジェンダー・企業社会――ジェンダー・アプローチの模索』ミネルヴァ書房、一九九五年）、中川スミ「賃金論の再考――ジェンダーの視点にたって」（『賃金と社会保障』第一二七三号、二〇〇〇年）などを参照。ただし、歴史的分析は私見の限りでは見られない。

（3） 桜井絹江『母性保護運動史』ドメス出版、一九八七年、千本暁子「日本における女性保護規定の成立――一九一一年工場法成立前史」『阪南論集 人文・自然科学編』第三〇巻三号、一九九五年などが代表的である。

（4） 姫岡とし子「労働者のジェンダー化――日独における女性保護規定」『思想』第八九八号、一九九九九年（姫岡『ジェンダー化する社会――労働とアイデンティティの日独比較史』岩波書店、二〇〇四年に所収）。

（5）塩田咲子「戦時女子労働政策の遺産――性別役割分業と母性保護」『日本の社会政策とジェンダー――男女平等の経済基盤』日本評論社、二〇〇〇年。

（6）一九三四年以降は「国際労働機関（ＩＬＯ）憲章」と称されるようになる（『社会科学大事典7』鹿島研究所出版会、一九六九年）。

（7）『大阪朝日新聞』一九一九年五月六日。神戸大学経済経営研究所編『新聞記事資料集成労働編』（以下『資料集成』と略）第一一巻、大原新生社、一九七五年、二〇頁。

（8）小川郷太郎「国際労働問題」『万朝報』一九一九年五月一二日。同右、一九頁。

（9）井上角五郎「労働法案と我日本」『大阪新報』一九一九年五月八日。同右、二一頁。

（10）『時事新報』一九一九年五月九日。同右、二一頁。

（11）『大阪新報』一九一九年六月三〇日。同右、三三～三四頁。

（12）『第一回国際労働会議報告書』外務省、一九二〇年。

（13）大霞会編『内務省史』第一巻、原書房、一九八〇年、三九二頁。

（14）労働行政史刊行会編『労働行政史』第一巻、労働省、一九六一年、二〇七～二一四頁。

（15）大正一二年三月二日　水野錬太郎説明『帝国議会衆議院議事速記録42　第四六・四七回議会』東京大学出版会、一九八一年、四六八頁。

（16）大正一二年三月五日　高田良平・河原田稼吉発言『帝国議会衆議院委員会議録36　第四六回議会』臨川書店、一九八三年、五〇頁。

（17）大正一二年三月七日 守屋松之助発言。同右、五八～五九頁。
（18）大正一二年三月十二日 板野友造発言。同右、八一頁。
（19）同前、河原田稼吉発言。同右。
（20）『中外商業新報』一九二六年七月三日。『資料集成』第六巻、四〇四頁。
（21）鈴木裕子「総同盟婦人部の活動と『労働婦人』」法政大学大原社会問題研究所総同盟五十年史刊行委員会編『日本労働総同盟婦人部機関誌 労働婦人(6)』法政大学出版会、一九八五年。
（22）赤松常子顕彰会編『雑草のようにたくましく』一九七七年、一〇三頁。
（23）日本労働総同盟請願委員会「婦人幼年労働者の夜業及坑内作業即時禁止請願書に署名してください！」『労働婦人』第二冊、一九二七年一二月。
（24）『労働婦人』第二冊、一九二七年一二月、表紙。
（25）従来の研究では、山川菊栄の女子労働者論は、「母性の保護」と「平等」をともに権利として訴えた点で高い評価が与えられている（鈴木裕子「解説」鈴木編『山川菊栄評論集』岩波文庫、一九九〇年、竹中恵美子「保護と平等・対立の構造を斬る――山川菊栄の女性労働論」山川菊栄誕生百年を記念する会編『現代フェミニズムと山川菊栄』大和書房、一九九〇年）。
（26）山川菊栄「『婦人の特殊要求』について」『報知新聞』一九二五年一〇月五～一六日。鈴木編前掲『山川菊栄評論集』（註25）一二八～一二九頁。
（27）山川菊栄「婦人部テーゼ」日本労働組合評議会全国婦人部協議会発行、一九二五年一二月二五日。同前、一六一～一六二頁。
（28）桜井絹江「評議会婦人部の活動について（上・中・下）」『歴史評論』第三一一・三二三・三三〇

号、一九七六・一九七七年。
(29) 河田嗣郎について論及した研究には、『近代婦人問題名著選集第四巻　河田嗣郎「婦人問題」』日本図書センター、一九八二年の中嶌邦「解説」、横井敏郎「明治末期における自由主義的社会政策論の一類型――河田嗣郎の家族制度と国家観」（『立命館大学人文科学研究所紀要』第六五号、一九九六年）、ジェンダー視点での分析は、亀口まか「河田嗣郎の『男女平等』思想とジェンダー」（『お茶の水女子大学ジェンダー研究センター年報ジェンダー研究』第六号、二〇〇三年）がある。
(30) 河田嗣郎『婦人問題』隆文館、一九一〇年（同右『近代婦人問題名著選集第四巻』に復刻）。
(31) 同前、二九八頁。
(32) 社会政策学会編『婦人労働問題』同文舘、一九一九年に所収。
(33) 河田嗣郎『家族制度と婦人問題』改造社、一九二四年に所収。初出は『改造』第二巻五号、一九二〇年五月。
(34) 同前、二七四〜二七五頁。
(35) 一方で河田嗣郎は「小家族制度」の維持を目的とする「家産法」制定を主張している（河田嗣郎「家族制度維持ノ必要ト其方法――家産法ヲ制定スベシ」『国家学会雑誌』第二四巻三・四号、一九一〇年）。女子を「一己独立の生計」を立てる個人ととらえる議論と、「小家族制度」維持論との関係については、あらためて検討しなければならない。
(36) 『労働婦人』第一〇冊、一九二八年九月。
(37) 『労働婦人』第一九冊、一九二九年六月。
(38) 山川前掲（註26）、一四二頁。

(39) 木下武男は、現在日本が先進国のなかで男女賃金格差が最も大きいこと、一九九〇年代以降ＩＬＯ専門委員会より、一〇〇号条約に関して「日本は問題あり」と批判されていることを指摘する(木下武男『日本人の賃金』平凡社、二〇〇〇年、一五〇、一六二頁)。

(40) 前掲『婦人労働問題』(注32)に所収。

(41) 与謝野晶子「賃銀の標準率を問ふ」『横浜貿易新報』一九二〇年一〇月一一日。

(42) 『社会政策時報』第五〇号、一九二四年一一月。

(43) 『社会政策時報』第一一二号、一九三〇年一月。

(44) 土井直作「労働婦人と組合運動」『労働婦人』第二〇冊、一九二九年七月。

(45) 『臨時産業合理局生産管理委員会パンフレット11　賃金制度』日本工業会、一九三二年、一〇七頁。

(46) 廣崎真八郎「現下我国に於ける家族手当の意義と其実際」『社会政策時報』第二三一号、一九三九年一二月。

(47) 丸山桂「女性と税制・年金に関する歴史的考察」婦人労働研究会編『女性労働』第一八巻、一九九三年。

(48) 昭和同人会編『わが国賃金構造の史的考察』至誠堂、一九六〇年、三〇七～三〇八頁。

(49) 赤松明子「婦人政治結社権と母子扶助法の問題」『労働婦人』第二六冊、一九三〇年一月。この運動は一九三七年に母子保護法として結実する。ただしすでに同様のものは、一九二六年に内務省の手で児童扶助法として立案されていた。立案者・生江孝之は「母親が出でて働くことを第二義的に考へ、第一義は家庭において母としての職分をつくさしむる」ことと述べている(『婦女新聞』一九二六年三月二一日)。

終章　国民統合の諸段階とジェンダー

本書では、一九世紀末から二〇世紀初頭の世紀転換期を起点に一九二〇年代までを対象として、「家族」やジェンダーが国民国家のイデオロギーとして構築され、力をふるい、また人々がそれを身にまといながら主体化していったプロセスについて論じてきた。最後に、近代日本のジェンダー規範と国民国家形成・国民統合の進展のかかわりの特徴について、まとめておくことにする。

近代日本の国民国家形成および国民統合の歴史的段階として注目したのは、次の二つの画期であった。一つ目は、起点となる一九世紀末から二〇世紀初頭の世紀転換期であり、二つ目は転換期としての第一次世界大戦期から一九二〇年代に至る時期である。

第一の世紀転換期は、明治維新後にはじまる国民国家形成の企てが内実を伴う時期といえる。この時期の日本は、明治維新を起点とする西洋モデルの文明化が軌道に乗るとともに、日清・日露戦争という二つの帝国主義戦争を行うなかで、「一等国」として近代世界の「半周辺」から「中核」へと歩を進め、アジアを植民地統治の対象とする「帝国」として立ち現れる時期である。同時に、「文明化の使命」が鼓舞されるなかでの国民軍による戦争遂行が著しく「国民」的一体性を強化し、そこで国民国家を実質的に起動させたといえる。近代日本のジェンダー規範やジェンダーモデルの原型は、まさにこうした国民国家の確立やその「帝国」化と密接にかかわりながら形づくられたのである。

まず、「良妻賢母」と称される近代日本の女性モデルについて本書で注目したのは、それが欧米に出自をもつ近代家族の性分業イデオロギーであると同時に、日本のナショナリティと深く結びついていたという点である。日清・日露戦争を経た二〇世紀初頭には、戦争を勝利に導いた「わが国の強み」についての議論が盛んに行われ、ナショナリティが確認されていく。「日本女性」像もまた、そのような「わが国の強み」すなわちナショナリティとのかかわりで描き出された（第1章）。そこで現れる日本女性像は、英国などで問題となっていた過激な女権活動家とは対極的な姿でなければならず、また中国や朝鮮の女性のように旧い因習に縛られた従属的な姿であったり、アイヌやツングースの女性のように「未開」な習慣を持ち続ける存在であったりしてはならなかった。「日本」女性モデルとしての「良妻賢母」像は、近代家族に適合的であると同時に、このように欧米やアジアを他者化して生み出されたのである。

「良妻賢母」像に裏づけを与えたのは、この時期に盛んに導入された欧米由来の「科学」であった（第2章）。科学は、性差に付与する意味づけをあたかも自然で本質的なものと見なすように仕向け、つくられたモデルに反論をさしはさむ余地を与えないものとしたのである。「良妻賢母」モデルへの対抗的存在としての「新しい女」が論議を呼んだ際、「新しい女」否定の側の論陣に強力なメンバーとして加わったのは、科学を身につけた生物学者や医学者らであった、彼らがジェンダー構築に果たした役割は大きい。科学は、第一次世界大戦期以降、国民国家の論理と不可分な「種族の進化向上」を使命とした優生学として姿を現し、さらにその影響力を広げていくこととなる。

ジェンダー構築は、もちろん女性だけが対象ではない。国民国家の中心的位置に据えられる男性を対象とした規範的モデル形成が進んだのも、世紀転換期であった。本書では、国民国家を牽引する男性モデルとして「青年」を取り上げた（第3章）。「青年」は、明治二〇年代に登場した新世代によって政治改革者としての自負をともなって使われるようになった新しい概念であるが、世紀転換期を起点とする「帝国」拡大の時期に、国策の遂行者として盛んに鼓舞されるようになっていくことに注目した。「青年」という言葉には、旧慣に縛られる旧世代に代わって将来の国家建設を担う者という含意があるが、そこで男性性が欠かせない要素であったことも見落とせない。「男らしさ」は「剛健」「元気」といった言葉で表現され、そこには暴力性がまとわりつくこととなる。

近代日本における国民統合とジェンダー化の第二の局面は、第一次世界大戦を画期とする時期に訪れる。第一次世界大戦は、未曾有の帝国主義戦争であるとともに、アメリカの台頭やソビエト社会主義国家の成立、国際連盟の創設などに示されるようなドラスティックな国際関係の再編を呼び起こすものとなった。また注目されるのは、参戦した欧米諸国において総力戦体制の構築を体験させたという点で、各国の国民国家システムを著しく強化したということである。大戦期のみならず大戦後においても、国家の生き残りをかけた生存競争の時代の到来と認識されたことは、それに対応する。

第一次大戦後の日本では、まず世界システムの「中核」への参入を果たすために、国際関係再編の動きに連動し、戦勝国である西洋諸国が主導する国際規準の制定に適応する法や政策の整備が進められた。同時に、一方で、愛国心やナショナリティが以前にも増して喚起され、国民統合は、対象の範囲の広がりとその徹底度においてさらに進展することになったといえる。内務官僚の「第二維新」という表現に示されたように、国際規準に沿うための社会の大規模な編成替えが、ナショナリズムを呼び起こしながら促された。それは新たなジェンダー化の過程でもあった。

ナショナリティの強化に際して再び持ち出されたのが、「家族」イデオロギーである（第4章）。家族イデオロギーには二様の意味が付与された。一つ目は、総力戦体制段階に見合う「生活」改革の拠点となる「家庭」である。二つ目は、家族国家観と結びついた「家」観念である。第一次世界大戦以降に進む急激な都市化の過程で、先祖から継承される土地や家屋を共に生活の場とする共同体としての家族は消失の一途をたどった。ここで再浮上した「家」は、そうした実際の生活および経営を共に行う実態を表すものではなく、祖先からの永続性の継承に基づく「無形の法人」と称されるきわめて観念的なものである。国民国家の再編期である第一次大戦後における家族イデオロギーは、こうして生活の場としての「家庭」と観念的な「家」という二つの要素をもちながら、国民道徳を形づくる基盤としての意味が再確認されるなかで、以前にも増して強力に打ち出されたのである。

そして、こうした家族イデオロギーの再編と連動して、女性の国民国家への包摂がさらに進められジェンダー役割はより明確な形で提示されることとなった。女性に対して強く愛国心や国体観念が喚起されるとともに、次のような役割が明確化された。一方は「家庭の主宰者」として、子どもの養育や教育、家族間の情緒的結合、消費を中心とした家庭経営の責任の担い手であり、もう一方は「家」の存続のために子孫を残すという使命である。世紀転換期に生み出された良妻賢母主義は、第一次世界大戦を契機とした新たな国民統合段階過程で女性の国民国家への包摂とともにさらに実質的に強化され、女性に対する拘束力を発揮していったといえるだろう。

また、世界大戦は、国民国家間の競争を激化させただけでなく、世界システムの中核に位置する欧米諸国家による新たな国際標準ルールづくりの動きを進展させた。世界システムの「中核」への参入を果たそうとする日本において、欧米諸国の合意に基づいてつくられる国際標準ルールに国内の諸制度を適応させることは必須とならざるをえない。本書で取り上げたのは、労働政策である。日本の労働政策においては、二〇世紀初めに工場法制定がなされたばかりであったが、第一次世界大戦後の日本には、ヴェルサイユ条約の「労働」条項（「国際労働規約」）を指標として、さらに新たな政策化が求められることとなった。その中でも女子労働者の問題は焦点の一つであった（第5章および第6章）。

きわめて限定的であった労働者保護法としての工場法は、この過程で改正されることとなり、女子労働者の保護施策が国際基準に近づいたことは確かである。だが一方で、雇用や賃金面でのジェンダー平等の問題は日本では政策化の対象とはされず、その後は家族を基本単位とする「家族賃金」の問題にすり替えられていくこととなる。女子の深夜労働および鉱山坑内労働禁止の実施は、保護の反面で雇用形態や賃金における男女格差の拡大にもつながった。ジェンダーの視点から見るならば、家族を養う「一人前」の男子正規労働者と、男子労働者の扶養家族もしくは保護対象としての女子労働者、という区分がより明確にされるようになったといえよう。これは、戦後日本社会における労働者の労働形態や雇用条件のジェンダーギャップにもつながる問題である。

さらに、国民統合の新しい段階としての第一次世界大戦を契機に生じた動向として強調しておきたいのは、国民国家を単位とする「種族」「民族」の「進化向上」を至上命題とする論理が力をもつようになったことである。優生学の時代の到来である。一九二〇年代以降において、女性を「母」として称え、かつそれを女性の最大の使命とする言説が、それには誰も批判できないような状況の中で高まりをみせる背景には、こうした優生学の興隆があったといえよう。このようにナショナルな機運と連動した優生思想の広がりとともに家族の尊重や「母の使命」が高唱される動きは、一九三〇年代後半以降には、国民統合を最大限に活用する総力戦の遂行を支えるものとなる。

最後に、国民統合にともなうジェンダー化と主体形成の問題に触れておこう。国民国家のもとで進められる規範やジェンダーの構築は、人びとにとって決して外在的なものではない。国民国家は「国民」と非「国民」との間に強固な境界線を引くものであるが、同時にモデル「国民」をつくるための規範形成は、「国民」内部にある人びとを分かち分類する境界線やカテゴリーを構築した。

そこにおのずから差異や差別が生まれることとなる。国民国家のもとで社会生活を送る人びとは、そうした境界線やカテゴリーを受容、あるいは抵抗し、また自らその書き換えを行いながら主体形成をはかることとなる。

その過程で、国民国家の要請への呼応はもちろんだが、本書で注目したのは社会の「周辺」に位置した者たちによって起こされる主体化の動きである。家父長的な権力をもたない若者は、「青年」という名乗りを上げることによって、マスキュリニティを身につけ、旧世代に代わって「帝国」の将来を切り拓く新たな国家的道徳の遂行者という自負を抱くようになる（第3章）。社会的蔑視にさらされた「女工」たちは、差別への対抗の道を求めるなかで、国民国家が要請するセクシュアリティ規範――貞操観念――と折り合いをつけながら、「労働婦人」という名乗りをあげ労働組合運動の主体としての立ち上がりを果たしていった（第5章）。また、「良妻賢母」規範に反旗を翻した大正期の「新しい女」たちは、一九二〇年代には優生学に由来する科学を身につけ、積極的に「母の使命」を果たす者として名乗りをあげることで、女性の社会的承認を獲得しようとしていくのである（第2章）。

だが、ここでこうした主体化の過程が、新たな他者を生み出すものであったことは見落としてはならないだろう。「剛健」「元気」を特質とする「青年」は、同年代の若者の「軟弱」さを排撃し、老人や女性に対する自らの優位性を疑わない。権利を自覚した「女工」たちは、自らに向けられるセクシュアルなまなざしに対抗し、健全な性道徳の保持者であることを訴えたが、その際に性的に放縦とみられたモダンガールを排撃の対象とした。「母の使命」を強く訴えることで社会的承認を得ようとした女性たちには、その主張が「オールド・ミス」と呼ばれながら自活しようとする独身の職業婦人を切り捨てるという自覚はなかったといえよう。

さて、本書で対象としたのは一九二〇年代までであるが、国民国家の要請に基づく家族やジェンダーのイデオロギーは、この時期に基本的な形がつくられるとともに日本社会に深く刻印され、その後も人びとをとらえていったと考えられる。それは、国民統合が最大限に求められる総力戦体制につながっただけではない。戦前・戦時の大日本帝国が解体された敗戦後において、「戦後復興」という言葉で国民国家の再興が企図されていく過程で、国民統合およびそれと連動したジェンダー化のプログラムは、新たな形をとって再起動したといえるのではないだろうか。

講和独立後、再編された国際社会への参入を課題としながら、大日本帝国に代わる戦後日本の「国民」が立ち上げられていく。その過程で、植民地帝国時代においてはありえなかった「単一民族」国家への志向が強められたことは明らかである。戦後において国民国家としての体制は、敗戦以前よりもさらに均質でナショナルな一体性をもち強度を増したとみることもできよう。日本の戦後史において、このように再興されていく国民国家のもとでの新たな国民統合が引き起こす問題は大変重要な論点だと考えるが、それについてはこれからの課題としたい[1]。

国際化・グローバル化が国民統合を促してきたこれまでの歴史を振り返るならば、現在のナショナリズムの高まりも不思議ではない。国民国家の歴史性や構築性は暴かれたかにみえながら、いまだ国民国家のもとで生を送らざるを得ない私たちにとって、そのイデオロギーから逃れることはおそらく容易ではないだろう。だが、国民国家がつくり出す境界線やジェンダー、思考の枠組みが私たちをとらえ不自由にし、境界線によって分かたれた者同士の相互理解や共感に至る道を閉ざしているとするならば、自分が生きる現場において国民国家やジェンダーを問いながら、固定された境界線を揺るがし硬直化した枠組みを解きほぐしていく試みを止めるわけにはいかない。

註

（1）こうした問題意識の一端は以下の論文に著した。拙稿「一九五〇年代日本における包摂と排除――戦後復興と在日朝鮮人『帰国』事業」樋口映美・貴堂嘉之・日暮美奈子編『〈近代規範〉の社会史――都市・身体・国家』彩流社、二〇一三年。拙稿「戦後日本における公共性とその転回――一九七〇年代を起点とする川崎・在日朝鮮人の問いを中心に」高嶋修一・名武なつ紀編『都市の公共と非公共――20世紀の日本と東アジア』日本経済評論社、二〇一三年。これらの同論文では、戦後の新たな国民統合の引き起こす問題として、在日朝鮮人の排除の問題を取り上げて論じている。

参考文献

赤川学 一九九九『セクシュアリティの歴史社会学』勁草書房
赤松常子顕彰会編 一九七七『雑草のようにたくましく』
阿部恒久・大日方純夫・天野正子編 二〇〇六『男性史1 男たちの近代』日本経済評論社
有馬学 二〇一一「『大正デモクラシー』の再検討と新たな射程」『岩波講座 東アジア近現代通史4』岩波書店
アンドルー・ゴードン 一九八七「戦前日本の大衆政治行動と意識を探って――東京における民衆騒擾の研究」『歴史学研究』第563号
―― 一九九六「日本近代史におけるインペリアル・デモクラシー」『年報日本現代史2 現代史と民主主義』東出版
E・ホブズボウム、T・レンジャー編 一九九二『創られた伝統』前川啓治・梶原景昭ほか訳 紀伊國屋書店（Eric Hobsbawm and Terence Osborn Ranger 1983 *The Invention of Tradition*, Cambridge University Press : England）
石田雄 一九五六『近代日本政治構造の研究』未来社
伊藤正直・大門正克・鈴木正幸 一九八八『戦間期の日本農村』世界思想社
今西一 一九九八『近代日本の差別と性文化――文明開化と民衆世界』雄山閣
ウーテ・フリーフェルト 一九九九「ドイツにおける女性史とジェンダー史の歴史学」田邊玲子訳『思想』第898号
上野千鶴子 一九九四『近代家族の成立と終焉』岩波書店
―― 一九九五「歴史学とフェミニズム――『女性史』を超えて」『岩波講座 日本通史 別巻1 歴史意識の現在』岩波書店
―― 一九九六「『国民国家』と『ジェンダー』――『女性の国民化』をめぐって」『現代思想』第24巻12号
―― 一九九八『ナショナリズムとジェンダー』青土社
大霞会編 一九八〇『内務省史』第一巻、原書房
大門正克 二〇〇八『歴史への問い／現在への問い』校倉書房

大門正克・小野沢あかね編　二〇〇一『展望日本歴史（21）民衆世界への問いかけ』東京堂出版
岡田洋司　一九八五「解説　青年団運動の母・山本瀧之助の生涯と青春」財団法人日本青年館『近代社会教育史料集成2　復刻版　山本瀧之助全集』不二出版
荻野美穂・田邊玲子・姫岡とし子・千本暁子・長谷川博子・落合恵美子編　一九九〇『性・産・家族の比較社会史　制度としての〈女〉』平凡社
小熊英二　一九九五『単一民族神話の起源――〈日本人〉の自画像の系譜』新曜社
――　一九九九『〈日本人〉の境界――沖縄・アイヌ・台湾・朝鮮　植民地支配から復帰運動まで』柏書房
落合恵美子　一九八九『近代家族とフェミニズム』勁草書房
海後宗臣編　一九六〇『臨時教育会議の研究』東京大学出版会
加藤千香子　一九八六「普選実施後の農民運動――埼玉県比企郡内3村を事例として」『歴史学研究』第554号
――　一九九〇「大正デモクラシー期の地域振興論――安部立郎の思想と行動を通して」『埼玉県史研究』第24号
――　一九九〇「地方都市における『大正デモクラシー』――埼玉県川越『公友会』の活動をめぐって」『歴史学研究』第604号
――　一九九五「大正デモクラシー期における『国民』統合と『家』――内務官僚・田子一民の思想にみる」『日本史研究』第398号
――　一九九六「近代日本の国家と家族に関する一考察――大正期・内務官僚の思想に見る」『横浜国立大学人文紀要第一類（哲学・社会科学）』第42輯
――　二〇〇〇「歴史をめぐる現在」『平成11年度教育実践センター研究プロジェクト報告書「教育人間科学序説」研究』横浜国立大学教育人間科学部教育実践研究指導センター
――　二〇〇一「戦間期における女子労働者と労働政策」大口勇次郎編『女の社会史　一七―二〇世紀――「家」とジェンダーを考える』山川出版社
――　二〇〇四「近代日本の『女工』観――ジェンダー／セクシュアリティの視点から」歴史学研究会編『シリーズ歴史学の現在9　性と権力関係の歴史』青木書店

――二〇〇五「大正期における女性像の変容と再編――『中央公論』誌上における「新しい女」論争を中心に」『平成14年度～16年度科学研究費補助金基盤研究（B）⑴研究成果報告書 日本植民地支配と東アジア――女性史・ジェンダー史の比較史的研究』
――二〇〇六「統合と差異を問う視点――世紀転換期研究の新たな課題を探る」『女性史学』第16号
――二〇〇六「近代日本の『オールド・ミス』」金井淑子編『ファミリー・トラブル――近代家族／ジェンダーのゆくえ』明石書店
――二〇〇七「『帝国』日本における規範的女性像――同時代の世界との関係から」早川紀代・李熒娘・江上幸子・加藤千香子編『東アジアにおける国民国家形成とジェンダー――女性像をめぐって』青木書店
――二〇〇七「近代日本における『青年』像と男性性の変容」『モダン・マスキュリニティーズ』（科学研究費補助金基盤研究C⑴課題番号 1551022「近現代日本のおける男性性（マスキュリニティーズ）の構築過程についての学際的研究」最終報告書）
――二〇〇八「日露戦後における『青年』の主体的構築」『歴史評論』第698号
――二〇〇八「『男性史』と歴史学」『歴史学研究』第844号（木本喜美子・貴堂嘉之編 二〇一〇『ジェンダーと社会――男性史・軍隊・セクシュアリティ』旬報社に収録）
――二〇〇九「性差はどう語られてきたか――世紀転換期の日本社会を中心に」宮崎かすみ編『差異を生きる――アイデンティティの境界を問いなおす』明石書店
――二〇一三「一九五〇年代日本における包摂と排除――戦後復興と在日朝鮮人『帰国』事業」樋口映美・貴堂嘉之・日暮美奈子編『〈近代規範〉の社会史――都市・身体・国家』彩流社
――二〇一三「戦後日本における公共性とその転回――一九七〇年代を起点とする川崎・在日朝鮮人の問いを中心に」高嶋修一・名武なつ紀編『都市の公共と非公共――20世紀の日本と東アジア』日本経済評論社
――二〇一四「『大正デモクラシー』と国民国家」『歴史評論』第766号
金子明雄・高橋修・吉田司雄編 二〇〇〇『ディスクールの帝国――明治三〇年代の文化研究』新曜社

金子幸子 一九九九『近代日本女性論の系譜』不二出版
鹿野政直 一九六九『資本主義形成期の秩序意識』筑摩書房
亀口まか 二〇〇三「河田嗣郎の『男女平等』思想とジェンダー」『お茶の水女子大学ジェンダー研究センター年報 ジェンダー研究』第6号
川島武宜 一九五七『イデオロギーとしての家族制度』岩波書店
河田嗣郎 一九一〇『婦人問題』隆文館（一九八二『近代婦人問題名著選集第四巻 河田嗣郎「婦人問題」』日本図書センターに所収）
川手圭一 二〇〇七「フォルク（Volk）と青年――マイノリティ問題とドイツ青年運動」田村栄子・星乃治彦編『ヴァイマル共和国の光芒――ナチズムと近代の相克』昭和堂
川村邦光 一九九四『オトメの身体――女の近代とセクシュアリティ』紀伊国屋書店
木下武男 二〇〇〇『日本人の賃金』平凡社新書
木村直恵 一九九八『〈青年〉の誕生――明治日本における政治的実践の転換』新曜社
木村涼子 二〇〇〇「女学生と女工――『思想』との出会い」青木保・川本三郎ほか編『近代日本文化論8 女の文化』岩波書店
木本喜美子 一九九五『家族・ジェンダー・企業社会――ジェンダー・アプローチの模索』ミネルヴァ書房
金原左門 一九六七『大正デモクラシーの社会的形成』青木書店
ゲイル・ビーダーマン 二〇〇四「マンリネス（男らしさ）と文明――アメリカ合衆国におけるジェンダーと人種の文化史一八八〇～一九一七年」土屋由香訳、小玉亮子編『現代のエスプリ マスキュリニティ・男性性の歴史』第446号
小森陽一・紅野謙介・高橋修編 一九九七『メディア・表象・イデオロギー――明治三十年代の文化研究』小沢書店
小山静子 一九九一『良妻賢母という規範』勁草書房
―― 一九九九『家庭の生成と女性の国民化』勁草書房
小山騰 一九九九『破天荒〈明治留学生〉列伝――大英帝国に学んだ人々』講談社選書メチエ

佐藤進 一九八二「田子一民とその『社会事業』観」『社会福祉古典叢書五 田子一民・山崎巌』鳳書院

桜井絹江 一九七六・一九七七「評議会婦人部の活動について（上）（中）（下）」『歴史評論』第311・323・330号

―― 一九八七『母性保護運動史』ドメス出版

塩田咲子 二〇〇〇『日本の社会政策とジェンダー――男女平等の経済基盤』日本評論社

渋谷知美 一九九九「『学生風紀問題』報道にみる青少年のセクシュアリティの問題化――明治年間の『教育時論』掲載記事を中心に」『教育社会学研究』第65号

Jason G. Karlin 2002 The Gender of Nationalism : Competing Masculinities in Meiji Japan, The Journal of Japanese Studies Vol.28 No.1 Winter.

ジュディス・バトラー 一九九九『ジェンダー・トラブル――フェミニズムとアイデンティティの攪乱』竹村和子訳 青土社（Judis Butler 1990 *Gender Trouble: Feminism and the Subversion of Identity*, Routledge: New York and London）

ジョージ・L・モッセ 二〇〇五『男のイメージ――男性性の創造と近代社会』細谷実・小玉亮子・海妻径子訳、作品社（George Mosse 1996 *The Image of Man*, Oxford University Press: England）

ジョーン・W・スコット一九九二『ジェンダーと歴史学』荻野美穂訳 平凡社、同 一九九九『増補新版 ジェンダーと歴史学』平凡社ライブラリー（Joan Wallach Scott 1988 *Gender and Politics of History*, Columbia University Press: New York）

昭和同人会編 一九六〇『わが国賃金構造の史的考察』至誠堂

シンシア・イーグル・ラセット 一九九四『女性を捏造した男たち――ヴィクトリア時代の性差の科学』上野直子訳 富山太佳夫解題、工作舎（Cynthia Eagle Russett 1989 *Sexual Science : The Victorian Consruction of womanhood*, Harvard University Press: Cambridge, Massachusetts）

鈴木裕子 一九八五「総同盟婦人部の活動と『労働婦人』」法政大学大原社会問題研究所総同盟五十年史刊行委員会編『日本労働総同盟婦人部機関誌 労働婦人(6)』法政大学出版会

――一九九一『日本女性労働運動史論――女性と労働組合』上、れんが書房新社
――編 一九九〇『山川菊栄評論集』岩波文庫
芹沢一也 二〇〇一『〈法〉から解放される権力――犯罪、狂気、貧困、そして大正デモクラシー』新曜社
総合女性史研究会編 一九八二『日本女性史』全五巻 東京大学出版会
舘かおる 一九九四「女性の参政権とジェンダー」原ひろ子編『ライブラリ相関社会科学2 ジェンダー』新世社
『田子一民』編纂会編 一九七〇『田子一民』発行人・熊谷辰治郎
竹内敬子 一九九八「イギリス一八七四年工場法とジェンダー」『社会政策学会年報』第42集
竹中恵美子 一九九〇「保護と平等・対立の構造を斬る――山川菊栄の女性労働論」山川菊栄誕生百年を記念する会編『現代フェミニズムと山川菊栄』大和書房
多仁照廣 二〇〇三『青年の世紀』同成社
田村栄子 二〇〇〇「ドイツ近現代史における青年世代――1818～1968」『佐賀大学文化教育学部研究論文集』第4集第2号
千本暁子 一九九五「日本における女性保護規定の成立――1911年工場法成立前史」『阪南論集 人文・自然科学編』第30巻3号
――一九九八「明治期紡績業における通勤女工から寄宿女工への転換」『阪南論集 社会科学編』第34巻第2号
――一九九九「二〇世紀初頭における紡績業の寄宿女工と社宅制度の導入」『阪南論集 社会科学編』第34巻第3号
東條由紀彦 一九九〇『製糸同盟の女工登録制度』東京大学出版会
中川スミ 二〇〇〇「賃金論の再考――ジェンダーの視点にたって」『賃金と社会保障』第一二七三号
中嶌邦 一九八二「解説」『近代婦人問題名著選集第四巻 河田嗣郎「婦人問題」』日本図書センター
――一九七四「大正期における生活改善運動」『史艸』（日本女子大学）第15号
中村政則・鈴木正幸 一九七六「近代天皇制国家論」原秀三郎・峰岸純夫・佐々木潤之介・中村政則編『大系日本国家史5 近代Ⅱ』東京大学出版会
永原和子 一九八二「良妻賢母主義教育における『家』と職業」女性史総合研究会編『日本女性史第4巻 近代』東京大学

出版会
成田龍一 一九九四「性の跳梁――一九二〇年代のセクシュアリティ」脇田春子、S・B・ハンレー編『ジェンダーの日本史 上 宗教と民俗　身体と性愛』東京大学出版会
―― 一九九四「『少年世界』と読書する少年たち」『思想』第845号（二〇〇三『近代都市空間の文化経験』岩波書店に所収）
西川長夫 一九九二『国境の越え方――国民国家論序説』筑摩書房（二〇〇一『増補 国境の越え方――国民国家論序説』平凡社ライブラリー）
―― 一九九二「国民（Nation）再考――フランス革命における国民創出をめぐって」『人文学報』（京都大学人文科学研究所）第70号
―― 一九九五「日本型国民国家の形成――比較史の観点から」西川長夫・松宮秀治編『幕末・明治期の国民国家形成と文化変容』新曜社
―― 一九九八『国民国家論の射程』柏書房（二〇一二『増補版 国民国家論の射程――〈国民〉という怪物』柏書房）
―― 一九九九「戦後歴史学と国民国家論」『歴史学研究 増刊号』第729号（二〇〇〇「戦後歴史学と国民国家論」歴史学研究会編『戦後歴史学再考――「国民史」を超えて』青木書店に再録）
―― 二〇〇六『〈新〉植民地主義論――グローバル化時代の植民地主義を問う』平凡社
―― 二〇一三『植民地主義の時代を生きて』平凡社
―― ・渡辺公夫編 一九九九『世紀転換期における国際秩序と国民文化の形成』柏書房
西川祐子 一九九〇「住まいの変遷と『家庭』の成立」女性史総合研究会編『日本女性生活史 第4巻 近代』東京大学出版会
―― 一九九一「近代国家と家族モデル」河上倫逸編『ユスティティア』2 特集「家族・社会・国家」ミネルヴァ書房
―― 一九九六「近代国家と家族――日本型近代家族の場合」『岩波講座 現代社会学19 〈家族〉の社会学』岩波書店
―― 一九九七「女性はマイノリティか」『歴史学研究 増刊号』第703号
―― 二〇〇〇『近代国家と家族モデル』吉川弘文館
―― ・荻野美穂編 一九九九『〔共同研究〕男性論』人文書院

農商務省商工局 一九〇三『職工事情』（一九九八『職工事情』上・中・下 犬丸義一校訂 岩波文庫）
間宏 一九七八『日本的労使協調の底流――宇野利右衛門と工業教育会の活動』早稲田大学出版部
早川紀代 二〇〇二「帝国意識の生成と展開――日本基督教婦人矯風会の場合」富坂キリスト教センター編『女性キリスト者と戦争』行路社
―― 二〇〇五『近代天皇制と国民国家――両性関係を軸として』青木書店
坂野潤治・宮地正人・高村直助・安田浩・渡辺治編 一九九三『シリーズ日本近現代史――構造と変動3 現代社会への転形』岩波書店
姫岡とし子 一九九九「労働者のジェンダー化――日独における女性保護規定」『思想』第898号（姫岡とし子 二〇〇四『ジェンダー化する社会――労働とアイデンティティの日独比較史』岩波書店に所収）
深谷昌志 一九六五『良妻賢母主義の教育』黎明書房（一九九〇、増補版）
藤目ゆき 一九九七『性の歴史学――公娼制度・堕胎罪体制から売春防止法・優生保護法体制へ』不二出版
『婦女新聞』を読む会編 一九九七『『婦女新聞』と女性の近代』不二出版
細井和喜蔵 一九二五『女工哀史』改造社（一九五四『女工哀史』岩波文庫）
細谷実 二〇〇四「〈日本男児〉の構築――忘却された起源としての大町桂月」小玉亮子編『現代のエスプリ マスキュリニティ・男性性の歴史』第446号 至文堂
牧原憲夫編 二〇〇三『〈私〉にとっての国民国家論――歴史研究者の井戸端談義』日本経済評論社
松井美枝 二〇〇〇「紡績工場の女性寄宿労働者と地域社会の関わり」『人文地理』第52巻5号
松尾尊兊 一九六六『大正デモクラシーの研究』青木書店
丸山桂 一九九三「女性と税制・年金に関する歴史的考察」婦人労働研究会編『女性労働』第18巻
ミシェル・フーコー 一九八六『性の歴史Ⅰ 知への意志』渡辺守章訳、新潮社（Michel Foucault 1976 *L'Historie de la sexualite, La volonte de savoir*, Gallimard: Paris）
三井須美子 一九九〇・九一「家族国家観による『国民道徳』の形成過程」『都留文科大学研究紀要』第32～34号

三橋修　一九九九『明治のセクシュアリティ――差別の心性史』日本エディタースクール出版部
源川真希　一九九五「普選体制確立期における政治と社会」『日本史研究』第392号
三宅義子　一九九四「歴史のなかのジェンダー――明治社会主義者の言説に現れた女性・女性労働者」原ひろ子・大沢真理・丸山真人・山本泰編『ライブラリ 相関社会科学2 ジェンダー』新世社
三輪泰史　一九九八「紡績労働者の社会意識」広川禎秀編『近代大阪の行政・社会・経済』青木書店
――　二〇一四「『大正デモクラシー』と紡績労働者」『歴史評論』第766号
牟田和恵　一九九六『戦略としての家族――近代日本の国民国家形成と女性』新曜社
――　二〇〇六『ジェンダー家族を超えて――近現代の生／政治とフェミニズム』新曜社
安田浩　一九九四『大正デモクラシー史論――大衆民主主義体制への転形と限界』校倉書房
山口（内田）雅克　二〇〇七「ウィークネス・フォビアの形成――明治期『少年世界』に見る〝男性性〟」『ジェンダー史学』第3号――（内田雅克 二〇一〇『大日本帝国の「少年」と「男性性」――少年少女雑誌に見る「ウィークネス・フォビア」』明石書店に所収）
山之内靖　一九九五「総力戦とシステム統合」山之内靖・ヴィクター・コシュマン・成田龍一編『総力戦と現代化』柏書房（山之内靖 一九九六『システム社会の現代的位相』岩波書店に所収）
山室信一　二〇〇五『日露戦争の世紀――連鎖視点から見る日本と世界』岩波新書
横井敏郎　一九九六「明治末期における自由主義的社会政策論の一類型――河田嗣郎の家族制度と国家観」『立命館大学人文科学研究所紀要』第65号
横山源之助　一八九九『日本之下層社会』教文館（一九四九『日本の下層社会』岩波文庫）
吉田久一　一九七九『現代社会事業史研究』勁草書房
吉田恭爾ほか編　一九七七『社会福祉の歴史』有斐閣選書
歴史学研究会編　二〇〇二『現代歴史学の成果と課題Ⅰ 1980－2000 歴史学における方法的転回』青木書店
労働行政史刊行会編　一九六一『労働行政史』第1巻、労働省

あとがき——これまでの私の研究をふり返るなかで

本書は、私が一九九〇年代後半から二〇〇〇年代にかけての時期に執筆したジェンダーや家族にかかわる論文に大幅な加筆修正を加えたうえで収録したものであるが、各論文の初出は次のとおりである。

序章　「国民」とジェンダーを対象化すること　　書き下ろし

I　国民国家の確立とジェンダー

第1章　「帝国」日本の女性像

「『帝国』日本における規範的女性像——同時代の世界との関係から」早川紀代・李茭娘・江上幸子・加藤千香子編『東アジアにおける国民国家形成とジェンダー——女性像をめぐって』青木書店、二〇〇六年。

第2章　性差の科学と良妻賢母主義

「性差はどう語られてきたか——世紀転換期の日本社会を中心に」宮崎かすみ編『差異を生きる——アイデンティティの境界を問いなおす』明石書店、二〇〇九年。

第3章　「青年」の主体的構築

「日露戦後における『青年』の主体的構築」歴史科学協議会編『歴史評論』第六九八号、二〇〇八年六月。

Ⅱ　国民国家の再編とジェンダー

第4章　国民統合と家族イデオロギー
「近代日本の国家と家族に関する一考察――大正期・内務官僚の思想に見る」『横浜国立大学人文紀要第一類（哲学・社会科学）』第四二輯、一九九六年一〇月。

第5章「女工」観とその再編
「近代日本の『女工』観――ジェンダー／セクシュアリティの視点から」歴史学研究会編『シリーズ歴史学の現在9　性と権力関係の歴史』青木書店、二〇〇四年。

第6章　労働政策とジェンダー
「戦間期における女子労働者と労働政策」大口勇次郎編『女の社会史　17－20世紀――「家」とジェンダーを考える』山川出版社、二〇〇一年。

終章　国民統合の諸段階とジェンダー　書き下ろし

いま、私が自分自身の過去の研究をふり返る中で痛感するのは、私が歴史研究の途についた一九八〇年代初めと、それから三〇余年を経た現在との間に存在する、歴史研究の問題意識や方法、研究対象をめぐる大きなギャップである。

ここで少し、本書には収録できなかった一九九〇年代以前の私自身の研究にふれておきたい。昭和恐慌期の小作争議を題材とした卒業論文にはじまり、農民運動史そして大正デモクラシー運動史へと進んだ私の研究の主眼は、「民衆」や「農民」を変革主体としてとらえ、社会変革の観点から運動の到達点を探ろうとするところにあった。今の研究状況からは到底考えられないが、卒論および修士論文で取り組んだ一九二〇～三〇年代——戦間期の農民運動史は、当時の日本近代史研究の中では大きな柱といってもよいテーマであり、運動の評価をめぐって激しい論争もなされていた。私は、農民運動史研究のフィールドとして、一九三〇年代初めの昭和恐慌期に小作争議が激しく展開された埼玉県を選んだ。実際に小作争議が行われた村に入り地元に残る史料を発掘し、当時まだ存命だった運動家の方々——革命家を名乗る方々も多かった——から話を聞いたりするなかで、歴史研究の醍醐味に触れ、その後も研究を続けるきっかけとなったことは確かである。

その後一九八〇年代半ば頃から——革新自治体の退潮、保守回帰といった状況を背景に——、研究動向の中で運動の高揚から衰退期へと焦点が移るようになり、「大正デモクラシーからファシズムへの転回」の解明が共通の論点となった。運動を行っていた民衆が体制に取り込まれ、あるいは進んで同調していくという問題を解こうとするこの命題自体には、私自身も現代的な意味を感じ強くひきつけられるものであった。

だが、今思うと、こうした歴史過程における変革主体を見出そうとする農民運動史の問題設定は、私個人の現在から発した問題意識というよりも、人民闘争史・階級闘争史という戦後歴史学研究の枠組みに沿ったものだったといえる。このたび単著を刊行することを思い立ってから、その時期の論文を大幅に書き直したうえで出すことができないかと長い間考え続けていた。そのために日が経ってしまったのだが、当時の戦後歴史学の問題設定と今日の状況とのズレ、テーマと「私」との乖離などを埋めることは容易ではなく、最終的に、かつての運動史関連の論文を今日において意味のあるものに書きかえて発表することを断念せざるをえなかった。

現在の私にとって、一九九〇年代になってからの国民国家論やジェンダー論との出会いが大きなものであったことは、序章で述べたとおりである。それは当時の私の大学への就職や結婚といった経験と無縁なものではなかった。女性をめぐる問題にテーマを移していった頃に書いたエッセイがあるので、以下に紹介しておきたい。これを書いた一九九三年という時代は、日本国内で男女共同参画に向けての動きがはじまっていた頃でもあり、そうした背景も現れているように思う。字句の訂正以外はそのまま当時のものを掲載する。

「女性の立場」について

時々、「女性の立場から」と意見を求められることがある、そして実際、そう問いかけられると、言いたいことは次々と浮かんでくる。女性の先輩からは、女性が大学に職を得る際に受ける差別の激しさについて、実例としてしばしば聞かされてきたし（近年は少し違ってきているようである）、大学の中で女性教官の数はあまりに少なすぎるとか、結婚して姓を変えなければならない不合理さとか、産休は制度として認められているのか、等々問題としたいことはある。また、生活の面でも、専業主夫を持たない女（単身者もそうだと思うが）にとっても、不便を感じることが多々ある、平日に日中に限られるクリーニングや宅配便、ガス・水道の修理などのサービスなど、日中家に主婦がいなければ片づかないことが多すぎる。また、社会や仕事場は、そうした家の中での雑用・家事一切を片づけてくれる主婦を持った男性の発想やペースが、どうも基本になっているようにも感じられる。（大学は比較的自由であるとはいえ、夜にまでかかる長い会議などしかり）まだまだ女性及び単身者は少数派なのである。

だが、このように専業主婦を持つ多数派男性を槍玉に上げ、少数派女性の側から主張することを必要と認めたうえで、私が今問題にしたいと考えていることは、実はもう一つある。「女性の立場」という言葉はよく使われるが、その際の「女性の立場」が表すイメージについてなのである。今、仕事で『埼玉の女性史』の執筆に携っているが、史料を見ていて、女性が日本の近現代史上に登場する際に、「女性の立場」に類する言葉が多用され、そして「女性の立場として」と語られるその内容があまりに画一的なことが、とても気にかかるのである。

従来の「女性解放史」研究は、日本の戦前において根強く残る封建道徳の下で、権利も認められず、社会から疎外され、虐げられてきた女性の立場を強調し、それらからの「解放」の過程として女性史を描いてきた。しかし、今私が史料を目の当りにすると、むしろ女性の「美点」は国家によって称え上げられ、さらにその「美点」を根拠として、社会の中での女性の積極的な位置づけが与えられていたことが目につくのである。また、それが故に政治や戦争との女性とのかかわりも、決して疎外者や被害者とだけ言えないような面が見られるのである。

称賛される「女性の立場」は、二つの面に限られる。一つは「子供を産み育てる母」で、もう一つは「暮らしを与る主婦」である。これらは、あたりまえの女性の特性のように思われるだろうが、前近代社会では子供は大家族や地域共同体の中で育つもので、育児は母親のみの担当ではなかったし、また暮らし（家計）を与る役割も、生活用品を消費に頼るようになった産業革命以後（明治後期以後）に生まれたものであることを、念頭においてもらいたい。大正後期以降になると、これらの言葉は、女性のすばらしき美点を称えるものとして盛んに登場するようになっている。

少し具体的に書いてみよう。大正後期～一九二〇年代、慢性的経済不況に悩む政府は、経済緊縮運動を提言する。金解禁を実施するための財源を確保しなければならないという事情もあった。その際、生産に携わる男性に負けず劣らず、消費をつかさどる女性の役割がいかに重要であるかが盛んに叫ばれるのである。「暮らしを与る主婦」が、慎ましい倹約や暮らしも工夫をしてコツコツ貯金することが、美徳として推奨される。そして戦時下には、戦争遂行のための財源捻出ということに目的は変わるが、「暮らしを与る主婦」がおだてあげられたことは同様であった。

「子供を産み育てる母」のすばらしさへの礼賛は、昭和の初頭、政府が学生・生徒の社会主義運動への接近の傾向に手を焼き、それを防止するために提唱した「家庭教育振興」運動ともかかわっている。ここで、子供に対する家庭教育が母親の役割であること、そして子供を「赤化」させないために、母親のやさしさ、情愛が必要であるとされて、女性の「母性」の強調が行われたのである。母の涙が息子を転向させたことはよく知られている。さらに、戦時下には兵士を産み育てる役割を担うことから、母性賛歌が一層高らかに歌われることになる。戦時下の新聞には「勇士の母」や健康優良児を抱いた母親がしばしば登場する。

このように書くと、戦後の消費者運動や平和運動としての母親運動のように、「母」や「主婦」が権力に対抗する基盤となったことを思い浮かべた人からは、疑問が出されるであろう。「母」や「主婦」が利用された面ばかりを少し強調しすぎたかもしれない。戦前の女性運動の側でも、平塚らいてうの母性主義に典型的であるように、こうした女性の特性を強調して男性に対して権利を主張し、女性の地位を高めていったことは事実である。

しかしながら、私は、あるべき女性のイメージというものが、ともあれ日本近代社会の中で「母」「主婦」としてのみ作り上げられたことは（それらの立場に属さない女性——独身者や子供を産まない女性、娼婦への差別とともに）、もっと問題にされてもよいのではないか、とも思うのである。

（『歴史学教室通信』第二六号、横浜国立大学教育学部歴史学教室発行、一九九三年二月一日）

二一年後の今あらためてこの文章を読み返し、すでにこの時点で、私は「女性の立場」で語るよう求められることへの違和感を起点に、「女性」というカテゴリーへの囲い込みを問題としその構造のつくられ方を探ろうとしていたことを発見した。そして、実際にジェンダー史はその手がかりを与えてくれるものとなった。

本をまとめるにあたって思いがけず長い時間を費やしてしまったが、その時間は、当時は見えていなかった意味に気づいたり新たな広がりを発見したりという新鮮な過程でもあった。二〇年近くに及ぶ間の研究の集積というにしては、本書は少しコンパクトに過ぎるようにも思われるが、一つ一つの論文それぞれには、いろいろな研究会での議論やさまざまな方々との出会いを通じて学んだことが凝縮されており、私にとって大変感慨深いものである。

私が研究をはじめてから三十数年も時が経っていることに呆然としてしまうが、その間に研究を通じていかに多くの方々との出会いがあったかを思い、おひとりおひとりの顔を思い浮かべると、どこか懐かしい幸せな気持ちになる。私の何よりの財産である。以下にお名前をあげて感謝の気持ちを表したい。

学生・院生時代の師と呼ぶべき方は多い。勝手な学生であることを許してくださったお茶の水女子大学時代の指導教員の大口勇次郎先生には、研究者となってからもさまざまな場面で声をかけていただいた。卒業論文で農民運動史に取り組んで以来、渡辺悦治先生や鈴木裕子さんからは史料調査の大切さ、当事者から学ぶことを実践的に教えていただいた。横関至さんには歴史研究の方法を具体的に教えていただき、大学院でゼミに受け入れてくださった明治大学の海野福寿先生にはその後の『静岡県史』でもお世話になった。博士課程から師事した一橋大学の田崎宣義先生からは、きめ細やかな指導とともに、史料に徹底的に向き合い読み解いていく姿勢を教えていただいた。

九〇年代以降にはじめた女性史・ジェンダー史研究の中でも、多くの方からの導きを得た。東アジア近代女性史研究会に声をかけていただいた早川紀代さん、近代日本男性史研究会に誘っていただいた細谷実さん。横浜国立大学教育人間科学部でのジェンダーにかかわる講座や授業の企画は学際的で刺激的なものだったが、鈴木敏子さんとは青年男女共同参画講座でご一緒し、金井淑子さんや宮崎かすみさん、松原宏之さんらとは数年にわたって公開講座や授業を共に企画した。学会では、ジェンダー史学会の設立に際して長野ひろ子さんにお誘いいただき当初より役員として参加したが、ジェンダー史学会を通じて新たな見方に触れることができた。

一方、今回の本では組み込むことができなかったが、ひとが生きる場としての「地域」に根ざして日本近代をとらえる歴史研究は私のもう一つのテーマであり、今後も新たな方法を模索していきたいと思っている。大石嘉一郎先生や故金澤史男さんを中心とした近代日本都市史研究会では、大門正克さんや柳沢遊さん、沼尻晃伸さん、土方苑子さんらとともに地域史料を素材とする実証研究の方法を学んだ。川崎市はその時以来のフィールドであるが、一九七〇年代「日立闘争」の当事者である朴鐘碩さんや崔勝久さんとの偶然の出会いは、地域研究を続けたからこそだったと思う。

最後になったが、西川長夫さんと西川祐子さんのお名前をあげたい。鋭い国民国家論の提言者としてご著書を通じて知っていた西川長夫さんと直接お話するようになったのは、二〇〇九年に横浜国大にお招きし川崎のフィールドワークをご一緒してからである。翌一〇年秋から半年間、私は京都大学人文科学研究所の高木博志さんのもとで内地留学の機会を得た。京都での半年間は、「私」がひとりになり、自分のこれまでとこれからの研究について考えを巡らせるかけがえのない時間となったが、その間にご自宅での研究会に誘っていただき、また出版の相談にものっていただいた。昨年秋、お見舞いにうかがった私を、先生は本に囲まれた病床で驚くほど晴れやかな笑顔で迎えてくださったが、帰り際の「加藤さんの本は？」の問いに私は言葉を返すことができなかった。ようやくたどり着いた本書の刊行を最初にご報告したい。祐子さんとは、家族や女性史のご研究に大変触発されていたにもかかわらず、長夫さんのご逝去後に初めてお会いしたような新鮮な思いで、今多くの励ましと示唆をいただきながら新たな歴史叙述の方法を学ばせていただいている。このたび私自身が続けてきた研究の意味を再確認しそれを形にすることができたのは、お二人との出会いのおかげにほかならない。

なお、本書の完成は、なかなか原稿が出せないでいた私を辛抱強く待ってくださった日本経済評論社の谷口京延さん、その後編集を担当され出版に向けて迅速に進めてくださった新井由紀子さんのご尽力なくしてはありえなかったことは間違いない。末尾となったが、心より感謝を申し上げたい。

二〇一四年五月

加藤千香子

友愛会　151-152, 154, 166-167, 170
『友愛婦人』　151-154, 170
優生学　優種学　22, 55-56, 59, 81-83, 87, 203, 206-207
『労働婦人』　161-163, 171-172, 180-181, 184, 198-200

人　名

〔あ行〕

赤松明子　161, 172, 200
赤松常子　161, 172, 184, 185, 198
安部立郎　100-101, 103-106, 112-113
板垣退助　39, 61
宇野利右衛門　150-151, 170
エリス、ハヴロック　72, 82, 85
大隈重信　38, 41, 48-49, 61-62
大町桂月　99, 112
岡実　149, 169
小原国芳　85, 89

〔か行〕

嘉悦孝子　98, 112
金井延　143, 149
河岡潮風　99, 112
河崎なつ（河崎ナツ子）　164
河田嗣郎　41-42, 61, 183-186, 199
河原操　46
菊池大麓　35-37, 39, 43, 60
ケイ、エレン　79-81
ゴールトン、フランシス　83
小松原英太郎　97-98, 112

〔さたな行〕

下田歌子　49, 62
下田次郎　37, 43, 61, 71-73, 88
スコット、ジョーン・W.　8, 24
鈴木文治　152, 170
高楠順次郎　38, 61
田子一民　51-52, 63, 118-139, 157, 171
戸板関子　44, 62
土井直作　190, 200
徳富蘇峰　93, 111
永井柳太郎　74, 88
成瀬仁蔵　74, 84, 88

〔は行〕

バトラー、ジュディス　65-66, 88
林癸未夫　189
ビーダーマン、G.　14, 28
平塚らいてう　56, 73, 77-81, 89
フーコー、ミシェル　13, 27
富士川游　67, 76, 88
細井和喜蔵　157-159, 171
ホブズボウム、エリック　118, 137

〔まやら行〕

牧野伸顕　40, 99
松岡駒吉　160, 171
ミル、J. S.　41
森本厚吉　187-188
安井てつ　46
山川菊栄　181, 185, 198
山本瀧之助　94, 111
横山源之助　142-143, 145-147, 168-169
与謝野晶子　79, 187, 188, 200
ラセット、シンシア・E.　68, 88

索　引

事　項

〔あか行〕

新しい女　73-75, 77-78, 81, 86-88, 202, 207
『田舎青年』　93-96, 103, 111
家族制度　41-42, 51-52, 60-61, 117-118, 127-129, 133, 137, 189, 199
（川越中学）同志会　100-107, 109, 112-113
『教育時論』　39-40, 61, 96, 104, 112-113
工場法　143, 145, 147-150, 155, 158, 166, 169, 173-174, 177-179, 181-182, 192, 196, 205
国際労働規約　155, 174-177, 205

〔さ行〕

社会事業　43, 81, 125-127, 138-139
社会政策　142-143, 148, 155-157, 166, 169, 173-174, 183-184, 186-188, 196-197, 199-200
『女工哀史』　141, 157-158, 166, 167, 171
女性参政権　婦人参政権　37, 61, 69, 131
『職工事情』　143-146, 158, 168
『人性』　67-69, 89
『新日本之青年』　93, 111
生活改善運動　124-125, 138
『青鞜』　青鞜社　73-74, 77-78, 89
青年団　青年団体　91, 96-97, 101, 107, 109, 111-112, 121, 127-128, 139
総同盟（日本労働総同盟）　160-163, 167, 179-181, 184, 190, 194, 198

〔たなは行〕

地方改良　地方改良運動　91, 97, 99, 120-122, 124, 138
朝鮮　韓国　45-48, 53, 57, 59, 62
内務省　内務官僚　22, 34, 50-52, 55-56, 58-59, 63, 97, 106, 118-120, 122-125, 138-139, 155, 157-158, 177-178, 182, 197, 200
『日本の下層社会』　142, 145-146
評議会（日本労働組合評議会）　181-182, 185, 198-199
『婦女新聞』　34, 37, 43-50, 53-63, 200
婦人解放　女性解放　41, 69-70, 73-74, 76-77, 85-87
婦人問題　女子問題　69, 74, 76, 79-85, 88-89, 176
『婦人問題』（河田嗣郎著）　41, 61, 69, 183, 199

〔まやら行〕

民族　種族　22, 38, 52-53, 58-59, 69, 79-81, 83-84, 87, 203, 206, 209
民力涵養運動　51, 120, 125
モダンガール　163, 165, 208
文部省　文部大臣　34-37, 40, 43, 51, 56, 58, 60, 97-99, 106-107, 112, 128

著者紹介

加藤千香子（かとう・ちかこ）

1957年、愛知県生まれ。一橋大学大学院社会学研究科博士課程単位取得退学。

現在は横浜国立大学教育人間科学部教授。専門は日本近現代史・ジェンダー史。

主な業績は『東アジアの国民国家形成とジェンダー――女性像をめぐって』（共編著、青木書店、2006年）、『日本における多文化共生とは何か――在日の経験から』（共編著、新曜社、2008年）、『ジェンダー史叢書5 暴力と戦争』（共編著、明石書店、2009年）など。

近代日本の国民統合とジェンダー

2014年6月16日　第1刷発行　　　定価（本体2400円＋税）

著　者　加藤千香子
発行者　栗原哲也

発行所　株式会社日本経済評論社
〒101-0051　東京都千代田区神田神保町3-2
電話 03-3230-1661　FAX 03-3265-2993
URL：http://www.nikkeihyo.co.jp
組版＊閏月社／印刷＊文昇堂／製本＊高地製本所
装幀＊渡辺美知子

乱丁本・落丁本はお取替えいたします

Printed in Japan　ISBN 978-4-8188-2297-9